KB048925

독서로 대학 가기

명문고 선생님들이 추천하는
100권의 책

독서로
대학 가기

유태성 지음

상상아카데미

머리말

" 무슨 책을 읽어야 해요? "

현재, 대부분의 학교에서는 수업 시간에 독서를 활용한 다양한 프로그램들을 운영하고 있습니다. 교과 수업에서의 수행평가는 물론이고, 독서 활동 자체가 하나의 교육 프로그램으로 진행되고 있지요. 이것은 예전의 획일적인 교육에서 벗어나 다양한 학습 자료를 활용해 지식을 확장하는 데 독서만큼 강력한 도구가 없기 때문이기도 하고, 교육적으로도 가장 효과적인 방법이기 때문입니다. 실제로 초등학교에 입학하자마자 아침독서, 독서나무, 독서골든벨 등의 프로그램을 통해 학생들의 독서 역량을 키우고 있고, 중·고등학교에 들어가면 독서활동이 학교생활기록부에 고스란히 기록되어 개개인의 역량을 보여 주는 도구로 쓰이죠.

시간을 쪼개 공부하기도 빠듯한데 언제 책을 읽느냐며 힘들어하는 학생들도 많지만, 한편으로는 독서를 통해 자신의 전공 역량과 교양, 인성까지 차곡차곡 쌓고 기록하는 학생들도 많습니다. 대학 입시 결과를 보면 독서를 활용해 효과적으로 자신의 능력을 어필한 학생들의 성과가 확연하게 좋다는 것을 알 수 있습니다. 입시 전문가로서 우리 학생들에게 실제 학교생활에 도움을 줄 수 있는 독서 안내서를 만들어야겠다고 마음먹은 것도 이러한 이유 때문이었습니다.

그러던 중 〈중학독서평설〉로부터 명문 고등학교에서는 어떤 교육이 이루어지는지, 각 학교의 추천 도서는 무엇인지 취재해 보자는 제안을 받았습니다. 그렇게 해서 2016년부터 지금까지 전국의 명문 고등학교를 직접 취재하였습니다. 그리고 각 학교 선생님들이 학생들을 위해 추천한 책 중에서 독서 교육의 기준이 될 수 있는 100권의 책을 엄선하여 〈독서로 대학 가기〉로 엮었습니다. 인문, 사회, 역사, 과학, 철학, 예술 등 다양한 분야에서 쉽게 읽을 수 있는 책부터 조금은 어려운 전문적인 책까지 소개하여 독서 실력을 기를 수 있도록 구성하였으며, 내용 중간에 독서활동 기재, 독서 분야 나누기, 독서록 작성에 관한 방법을 제시하여 학생들의 학교생활과 학생부 관리에 도움을 주고자 하였습니다.

지난 2년간 학교 선생님들과 이야기를 나누면서 놀라웠던 것은 모든 학교에서 예외 없이 학생들의 독서 역량을 키우기 위해 과감한 투자를 하고 있고, 이에 따른 다양한 프로그램을 운영하고 있다는 것이었습니다. 그만큼 독서 역량은 점점 우리나라 교육 과정의 핵심이 될 것이고, 자연스럽게 입시에서의 영향력도 커지게 될 것입니다.

이 책은 추천 도서에 대한 소개를 넘어 대학교에 입학하기까지 어느 수준의 독서 역량을 갖춰야 하는지 알려 주는 책이라고 할 수 있습니다. 우리 학생들이 이 책에 소개된 100권의 도서를 읽고 자신의 독서 영역을 더욱 확장시켰으면 하는 바람입니다. 또한 이 책이 지금 청소년기를 겪고 있는 학생들로 하여금 독서의 이유를 찾고 꿈을 향해 달려 나가게 해 주는 귀한 마중물이 되었으면 합니다.

이 책이 나오기까지 많은 분들의 도움이 있었습니다. 취재 기획부터 학교 섭외, 편집까지 완벽하게 진행해 주셨던 〈중학독서평설〉의 전은재 팀장님과 매번 취재에 동행해 주셨던 안호성 작가님, 바쁜 시간 중에도 학생들의 독서 교육을 위해 취재 협조를 해 주셨던 전국의 수많은 학교 선생님들, 도서 이미지 저작권을 허락해 주신 출판사 관계자분들, 이 책이 나오기까지 기획부터 마지막까지 꼼꼼하게 편집을 진행해 주신 상상아카데미의 윤현숙 상무님과 이정화 과장님께 감사의 마음을 전합니다.

2017년 10월

유태성 입시전략연구소장

차례

머리말 4

| **10 ~ 21** | 만들어진 전통 · 셰익스피어의 4대 비극 · X의 즐거움 · 역사란 무엇인가 · 짜라투스트라는 이렇게 말했다 · **강서고등학교 추천 도서**

| **22 ~ 31** | 이중 나선 · 코스모스 · 삼국지 · 페르마의 마지막 정리 · **경기과학고등학교 추천 도서**

| **32 ~ 43** | Who am I?나는 내가 만든다 · 박경미의 수학N · 나의 생명 수업 · 연인 서태후 · 아름다운 삶, 아름다운 도서관 · **경신고등학교 추천 도서**

| **44 ~ 55** | 오만과 편견 · 지적 대화를 위한 넓고 얕은 지식(역사·경제·정치·사회·윤리 편) · 정의란 무엇인가 · 위로의 디자인 · 탄소 문명 · **김천고등학교 추천 도서**

| **56 ~ 67** | Short Stories by Edgar Allan Poe · 걸리버 여행기 · 명심보감 · 습관의 힘 · 청소년을 위한 사회학 에세이 · **대원외국어고등학교 추천 도서**

| **68 ~ 77** | 순간의 꽃 · 논어, 사람의 길을 열다 · 침묵의 봄 · 옛 그림에도 사람이 살고 있네 · **대전과학고등학교 추천 도서**

· · · 학교생활기록부에 기록하는 독서활동 78

| **80 ~ 89** | 엔트로피 · 삼대 · 동양 철학 에세이 · 서양화 자신 있게 보기 · **상산고등학교 추천 도서**

| 90 ~ 101 | 남한산성 · 오래된 미래 라다크로부터 배우다 · 박이문의 문학과 철학 이야기 · 신경림의 시인을 찾아서 1·2 · 사피엔스 · **서울예술고등학교 추천 도서**

| 102 ~ 113 | 김상욱의 과학 공부 · 이기적 유전자 · 멋진 신세계 · 진실을 배반한 과학자들 · 모든 사람을 위한 빅뱅 우주론 강의 · **세종과학고등학교 추천 도서**

| 114 ~ 123 | 난장이가 쏘아 올린 작은 공 · 삐뚤빼뚤 가도 좋아 · 오주석의 한국의 美 특강 · 관통 한국사 · **수지고등학교 추천 도서**

| 124 ~ 135 | 28자로 이룬 문자 혁명 훈민정음 · 그 많던 싱아는 누가 다 먹었을까 · 쏭내관의 재미있는 궁궐 기행 · 10대를 위한 생각하는 헌법 · 오늘의 지구를 말씀드리겠습니다 · **숙명여자고등학교 추천 도서**

· · · **자기소개서에 기록하는 독서활동   136**

| 138 ~ 147 | 박사가 사랑한 수식 · 더 큰 나를 위해 나를 버리다 · 데미안 · 정민 선생님이 들려주는 한시 이야기 · **신성고등학교 추천 도서**

| 148 ~ 157 | 시민의 교양 · 미움받을 용기 · 우리 과학 기술의 비밀 · 침팬지도 이해하는 5분 수학 · **양서고등학교 추천 도서**

| 158 ~ 167 | 마음 알기, 자기 알기 · 생명이 있는 것은 다 아름답다 · 진주 귀고리 소녀 · 인듀어런스 · **양정고등학교 추천 도서**

| 168 ~ 179 | 사기열전 · 열하일기 · 종의 기원 · 윤동주 시집 · 전황당인보기 · **용인한국외국어대학교부설고등학교 추천 도서**

| 180 ~ 191 | The Giver · 불평등의 대가(The Price of Inequality) · 시크릿 스페이스 · 태평천하 · 모모 · **울산외국어고등학교 추천 도서**

| 192 ~ 203 | 청소년을 위한 한국 고전 문학사 · 위대한 설계 · 박지원의 한문 소설 · 운동화 신은 뇌 · 청소년을 위한 주제로 보는 조선왕조실록 · **인천하늘고등학교 추천 도서**

··· **독서 편식을 막는 독서 분야 나누기 204**

| 206 ~ 217 | 앵무새 죽이기 · 호밀밭의 파수꾼 · 바보처럼 공부하고 천재처럼 꿈꿔라 · 왜 세계의 절반은 굶주리는가? · 유시민의 글쓰기 특강 · **청심국제고등학교 추천 도서**

| 218 ~ 227 | 소피의 세계 · 맨큐의 경제학 · 하리하라, 미드에서 과학을 보다 · 메모 습관의 힘 · **포항제철고등학교 추천 도서**

| 228 ~ 239 | 생명의 수학 · 멈추면, 비로소 보이는 것들 · 에밀 뒤르켐의 자살론 · 하리하라의 청소년을 위한 의학 이야기 · 완벽한 공부법 · **한양대학교사범대학부속고등학교 추천 도서**

| 240 ~ 251 | 삼국 시대 사람들은 어떻게 살았을까 · 이 말은 어디에서 왔을까? · 세상에서 가장 쉬운 통계학입문 · 통찰 자연, 인간, 사회를 관통하는 최재천의 생각 · 수학 귀신 · **한일고등학교 추천 도서**

| 252 ~ 259 | 그림 소담 간송미술관의 아름다운 그림 · 카메라, 편견을 부탁해 · 탐정이 된 과학자들 · **현대고등학교(서울) 추천 도서**

··· **효과적인 독서록 작성 방법 260**

부록
전공분야별 도서 목록 **264**
독서 계획표 **269**

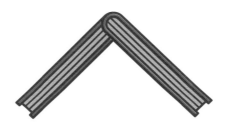

강서고등학교
추천 도서

강서고는 독서 교육 종합 시스템에 입력된 학생들의
독후 기록을 검토하여 표창하고, 사서 교사가 독서
활동을 관리해 줍니다.

'자주적, 창의적이고 조화로운 한국인의 육성'이란 교육 목표 아래 1983년에 문을 연 강서고는, 우수한 교육 시스템과 학습 분위기를 갖춰 학생과 학부모의 만족도가 매우 높습니다. 실제 입시에서도 좋은 결과를 보여 주고 있지요. 강서고 교육 시스템에서 가장 특이할 만한 점은 담임 멘토링 제도입니다. 방과후 신청 학생들을 대상으로 하여 2주에 한 번, 30~60분간 상담을 진행하는데, 주요 내용은 학교생활 및 활동에 관한 조언, 학습 계획 수립 및 실천 확인, 입시 정보 제공 등입니다.

강서고 학생들은 'GS-SAR(GangSeo-SchoolActivity-Report)'이라는 이름의 학교 활동 보고서를 작성하는데, 이를 통해 비교과 활동 내역과 그에 따른 성찰 과정을 스스로 기록해 나갑니다. 보고서는 '자치, 적응, 행사, 진로, 봉사, 동아리, 교과, 방과후, 보고서, 대회, 기타' 등으로 세분화되어 있어, 활동 내역을 꼼꼼하게 관리할 수 있습니다. 또 담당 교사는 이를 참고해 학교생활기록부를 작성하기 때문에 누구나 비교과 관리를 효과적으로 할 수 있습니다.

만들어진
전통

#역사학 #사회학 #정치학

영국의 역사학자 에릭 홉스봄[1917-2012]을 비롯한 6명의 학자들이 공동 집필한 책으로, 우리가 지금까지 알고 있는 전통 중 많은 부분들이 현재의 필요에 따라 만들어졌다고 주장하고 있습니다.

저자들은 19세기 말에서 20세기 초에 유럽에서 전통이 어떻게 만들어졌는지 날카롭게 파헤치면서 우리가 진실이라고 믿었던 것을 뿌리째 흔들고 있습니다. 엘리자베스 2세가 마차를 타고 의회 개원을 위해 웨스트민스터로 향하는 모습을 중계하는 TV 방송들은 한결같이 '천년의 전통'을 말하지만 실은 19세기 후반에 '만들어진' 전통이며, 스코틀랜드를 상징하는 천으로 만든 퀼트가 실은 18~19세기에 '만들어진' 것이라는 사실은 충격을 줍니다. 저자는 이렇게 만들어진 전통들은 역사와 동떨어져 있으며, 정치적 의도에 의해 조작되고 통제된다는 사실을 밝힘으로써 전통의 신뢰성에 문제를 제기하고 있습니다.

이 책을 추천하는 이유

저자들은 이 책에서 우리가 오랜 전통으로 여기는 각종 의례나 상징물들의 대부분이 실제로는 19세기 후반에 만들어졌다고 주장합니다. 나아가 상당수가 최근의 것이고, 주로 정치 권력자들의 손에서 태어났다고 강조합니다. 그러면서 근대에 이런 움직임이 활발해진 근거를 소상히 밝히죠. 그 배경에는 의무 교육의 도입과 국력을 강화시키려는 의도가 숨어 있었습니다.

오늘날에도 자본주의 마케팅에 의해 '빼빼로 데이' 등이 새로운 전통으로 만들어지고 있는 걸 보면, 인간은 자신의 행위에 본능적으로 의미를 부여하는 동물이라는 생각도 듭니다. 이 책을 읽으며 전통의 진정한 의미와 그것들로 이루어진 역사의 실체를 고민해 보길 바랍니다.

셰익스피어의
4대 비극

#영어영문학 #연극영화학 #역사학

　　　영국을 대표하는 극작가 셰익스피어[1564~1616]는
총 37편의 작품을 발표했습니다. 그의 희곡들은 현재까지도 가장 많
이 공연되고 있는데, 그중에 인간의 고통에 대한 냉혹한 성찰을 담은
4개의 작품이 바로 셰익스피어의 4대 비극입니다.

　　'죽느냐 사느냐'로 번역되는 주인공의 독백으로 유명한 〈햄릿〉,
청순한 여인 데스데모나와 가장 난해한 인물 이아고를 탄생시킨 〈오
셀로〉, 셰익스피어 4대 비극 중 가장 화려하고 잔인한 작품이자 야
망의 늪에 빠진 정직한 영혼이 악의 화신으로 파멸해 가는 이야기를
담은 〈맥베스〉, 모든 권위를 잃고 광기에 휩싸인 리어왕의 이야기를

그린 〈리어왕〉이 그것입니다. 민음사에서 4권을 모아 한 세트로 출간하였으며, 민음사 외에도 여러 출판사에서 번역 출간하였습니다.

이 책을 추천하는 이유

어느 막장 드라마의 비극적인 인물들을 소개할까 합니다. 죽고 싶은 현실을 앞에 두고 죽지도 못하고 살지도 못하는 청년, 부하의 이간질에 아름다운 아내를 살해하고 자결한 비운의 남편, 주어진 자신의 운명보다 더 큰 성공을 원하다 파멸한 야심가, 아부와 진심을 구분하지 못해 뒷방 늙은이로 몰락하고 나서야 진실을 깨달은 아버지가 바로 그들입니다. 모두 셰익스피어의 4대 비극에 나오는 주인공들로, 셰익스피어는 작품 안에서 '햄릿', '오셀로', '맥베스', '리어왕'이라는 유명한 인간상을 창조해 냈습니다.

셰익스피어는 인간성의 선과 악을 근원적으로 다룬 작가로, 4대 비극은 동서고금을 막론하고 누구에게나 공감을 불러일으키는 명작입니다. 특히 우월적 존재가 아닌 나약한 '인간'에 주목하고 있어 오늘날 지치고 힘든 청소년들에게 추천해 주고 싶습니다.

X의
즐거움

#수학 #교육학 #물리학

　　스티븐 스트로가츠는 괴짜 수학자로 알려져 있지
만, 실제로는 카오스와 복잡계이론의 대가로서 하버드와 MIT 학생
들에게 무척 인기가 높은 수학자입니다.

　　어려운 과학 이론을 평범한 일상생활과 연결시켜 설명하는 탁월
한 솜씨를 가진 그는, 이 책에서 유치원 과정의 산수에서부터 대학원
과정의 대수학까지 차근차근 단계를 밟아가며 독자들을 즐거운 수
학의 세계로 초대합니다. 책을 끝까지 읽고 난 후에는 수학이 얼마나
즐거운 일인지 알게 되고, 일상생활에서 수학적으로 사고할 수 있게
될 것입니다. 책 속에서 여러분은 어린이 프로그램 '세서미 스트리

트'부터 셰익스피어의 '로미오와 줄리엣', 얼룩말의 줄무늬와 크림치즈를 바른 베이글에 이르기까지, 일상생활 속에 숨겨 있는 수학을 발견할 수 있습니다.

이 책을 추천하는 이유

혹시 수학을 딱딱한 과목이라고 생각하는 학생이 있나요? 아니면 벌써부터 수학에 흥미가 떨어져 공부하기를 포기한 학생이 있나요? 이 책은 바로 그런 학생들에게 추천하고 싶은 책입니다.

코넬대학교 수학과 교수인 스티븐 스트로가츠는 학생들은 물론이고, 일반인들에게까지 수학의 재미를 선물해 주고 있답니다. 특히 이 책의 몇몇 글들은 세계적인 매체인 '뉴욕 타임스'에 기고되어 좋은 반응을 얻었다고 합니다. 그만큼 많은 사람들에게 수학의 재미를 알게 해 주었다는 이야기이지요. 왜 수학을 배워야 하는지 책장을 넘길 때마다 무릎을 칠만큼 감탄할 만한 수학 이야기들이 소개되어 있습니다. 중·고등학교 과정을 거치면서 가장 중요한 과목이지만 가장 많은 학생들을 힘들게 하는 과목이 바로 수학인데, 수학에 대한 거부감을 없앨 수 있는 책이라고 여겨 강력 추천합니다.

역사란
무엇인가

#역사학 #철학 #정치학

역사를 공부하는 사람이라면 꼭 한번 읽어봐야 하는 교양서로 세계적인 역사가 에드워드 카[1892~1982]의 대표작입니다. 이 책에서 저자는 과거의 역사가 현재의 역사가들이 가지고 있는 문제의식에 따라 구성된다고 말하고 있습니다. 결국 역사의 사실들은 역사가들이 선택한 것일 뿐이라는 것을 보여 주고 있지요. 그런 의미에서 '과거의 사실'보다 '현재의 역사가', 특히 역사가가 현재의 사회와 현실에 대해 어떤 문제의식과 가치관을 가지고 있는지가 더 중요하다고 말합니다.

책은 1장 역사가와 그의 사실들, 2장 사회와 개인, 3장 역사, 과학

그리고 도덕, 4장 역사에서의 인과관계, 5장 진보로서의 역사, 6장 지평선의 확대 등 크게 여섯 개의 장으로 구성되어 있습니다.

이 책을 추천하는 이유

이 책의 저자인 역사가 에드워드 카는 "역사란 과거와 현재의 끊임없는 대화"라는 유명한 말을 남겼습니다. 카는 이 책에서 100% 객관적인 역사란 존재하지 않는다는 사실을 설득력 있게 기술하고 있습니다. 역사란 역사가의 해석에 따라 얼마든지 달라질 수 있다는 사실을 보여 주죠.

이와 더불어 진보로서의 역사에 대해서도 주장합니다. "역사의 과정 자체는 여전히 진보하는 것이고 동적인 것으로, 과거에 대한 우리의 해석은 우리가 전진함에 따라 끊임없이 수정되고 발전할 수밖에 없다."라고 말이죠.

이 책을 읽게 되면 역사가에게 왜 건전하고 균형 잡힌 사고가 요구되는지 알 수 있을 것입니다. 역사를 보는 안목을 키우고 싶은 학생들에게 추천합니다.

짜라투스트라는 이렇게 말했다

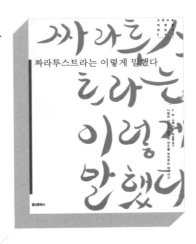

#철학 #독어독문학 #역사학

독일의 사상가이자 철학자, 시인인 니체[1844-1900]의 대표적인 작품으로, 니체의 철학 사상은 헤르만 헤세, 앙드레 지드, 프란츠 카프카 등에게 영향을 줄 정도로 큰 영향력을 미쳤습니다. 이 책은 니체가 40세를 전후하여 집필한 것으로 니체 사상과 철학의 진수를 보여 주는 작품입니다.

니체는 이 책에서 2천 년 동안 기독교에 의해 자라온 유럽 문명의 몰락을 예측하고, 동시에 허무주의가 올 것을 예측하고 있습니다. 그는 앞으로 찾아올 허무주의를 극복하기 위해 초인, 영원회귀 등의 사상을 제시하였는데, 여기에서 초인이란 모든 고뇌와 죽음을 초월

한 건강한 미래의 인간상을 말합니다. 또한 영원회귀란 전생 사상과 같이 다시 태어나는 일은 결코 없고, 인생이란 그 순간순간이 다시 반복된다는 것을 의미합니다. 즉 이러한 사상의 바탕 위에서 우리 삶에 대한 긍정이 무엇보다 중요하다고 말하고 있습니다.

이 책을 추천하는 이유

사실 이 책은 쉽게 읽고 이해할 수 있는 책은 아닙니다. 하지만 청소년들이 이 책에 등장하는 '초인'의 존재에 대해 알았으면 하는 마음에서 추천해 봅니다.

저자 니체는 고대 페르시아의 종교적 철인, 짜라투스트라를 주인공으로 등장시켜 기존의 고정 관념을 거침없이 무너뜨립니다. 신을 부정하고 눈에 보이지 않는 허상보다는 실체적인 것을 강조하죠.

이 책은 짜라투스트라의 언행을 기술하는 형식으로 니체의 사상을 서술하고 있습니다. 비유가 풍부하고 아름다운 시적 산문으로 쓰여 있어 니체의 사상과 철학의 진수를 흥미롭게 받아들일 수 있을 것입니다.

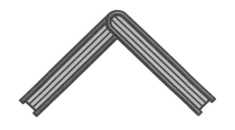

경기과학고등학교
추천 도서

경기과학고에서는 과학자 및 지도자 교육을 목표로 직·간접적인 경험을 쌓는 독서 활동에 많은 관심을 갖고 있습니다.

경기도 수원시에 위치한 경기과학고는 1983년에 우리나라에서 가장 먼저 개교한 과학고로서, 2010년 과학영재학교로 전환되면서 다시 한 번 큰 도약을 하게 됩니다. 경기과학고에서는 과학 과목들의 경우, 1학년 때 고교 교육과정을 마치고 2, 3학년 때 대학교에서 사용하는 교재로 학습하게 됩니다. 경기과학고 2, 3학년 학생들은 직접 원하는 과목을 수강신청합니다(1학년 때는 필수 과목들이 많아 수강신청이 없음). 자연스럽게 수업이 없는 '공강' 시간이 생겨서, 이 시간에 자율 탐구실, 도서관, 음악실, 체육관 등에서 자율 활동을 하며, 야간자율학습 시간에는 학습실에서 공부를 하거나 동아리실에서 과학동아리나 학술동아리 활동을 진행합니다.

과학고에서는 연구 프로젝트를 많이 수행하는데, 자신의 연구를 위해 과학영재연구센터(SRC)의 실험실에서 전문 테크니션 선생님의 지도 하에 필요한 실험을 하는 등 다양한 활동들을 합니다.

이중
나선

#생명과학 #화학 #의학

이 책은 DNA의 구조를 발견한 두 사람, 왓슨[1928-]과 크릭[1916-2004] 중 왓슨이 직접 쓴 일종의 자서전 격의 책으로, 과학자들의 연구 과정을 생생하게 들려줍니다. 미국인 과학자 왓슨이 케임브리지대학에서 유학하면서 DNA 구조 모형을 만들고 그 구조를 밝혀내기까지 동료들과 펼치는 경쟁과 갈등, 속임수, 실패와 좌절 등을 흥미롭게 묘사하고 있습니다. 또한 과학자 왓슨과 인간 왓슨의 모습을 고르게 조명하고, 과학자들의 일상생활을 숨김없이 보여 주고 있습니다.

이 책은 DNA의 이중 나선에 관해 설명하는 책이 아니라 저자인 왓슨과 그의 동료인 크릭이 이중 나선에 관한 진실을 밝혀내기까지의 여정을 그린 책으로 누구나 쉽게 읽을 수 있습니다.

이 책을 추천하는 이유

경기과학고는 '1학년 기초 R&E, 2학년 심화 R&E, 3학년 졸업 논문'으로 이어지는 연구 활동을 해 나가고 있습니다. 이를 잘 수행하려면 연구 자료를 가치 있는 정보로 만드는 역량이 필요한데, 〈이중 나선〉은 이와 관련해 도움을 줄 수 있는 책입니다.

이중 나선은 1953년 과학자 왓슨과 크릭이 처음 제시한 DNA의 분자 구조 모델입니다. 두 사람은 이를 발견한 공로로 1962년에 노벨 생리의학상을 수상하였죠.

〈이중 나선〉은 왓슨이 DNA의 이중 나선 구조를 발견한 경위와 그에 얽혀 있는 과학자들의 치열한 경쟁, 그 이면에 숨겨진 이야기들을 직설적이고 유머러스하게 풀어낸 책입니다. 수기 형식인 데다 유전자 구조의 이해를 돕는 다양한 도표와 사진이 수록되어 있어 중학생이 읽기에도 무리가 없죠. 생명과학에 관심을 가진 학생이라면 반드시 읽어 볼 것을 권합니다.

코스모스

#물리학 #천체물리학 #과학교육학

    과학의 대중화에 많은 노력을 기울인 미국의 천체물리학자 칼 세이건[1934~1996]의 대표작으로 과학 교양서의 고전입니다. 우주의 탄생, 은하계의 진화, 태양의 삶과 죽음, 우주를 떠돌던 먼지가 의식 있는 생명이 되는 과정, 외계 생명의 존재 문제 등이 다양한 사진과 일러스트, 우아한 문체를 통해 박진감 넘치게 펼쳐집니다.

  현대 천문학을 대표하는 저명한 과학자인 칼 세이건은 이 책에서 사람들의 상상력을 사로잡고, 어려운 개념을 명쾌하게 해설하는 놀라운 능력을 마음껏 발휘하고 있습니다. 특히 에라토스테네스, 데모크리토스, 히파티아, 케플러, 갈릴레이, 뉴턴, 다윈 같은 과학자들이 개척해 놓은 길을 따라가며 과거, 현재, 미래의 과학이 어떻게 전개되었고, 앞으로 무엇을 이룰 수 있을지 알기 쉽게 들려주고 있습니다.

한편 이 책은 미국에서 다큐멘터리로도 제작되어 수많은 사람들에게 우주의 신비를 경험하게 해 주었습니다.

이 책을 추천하는 이유

과학은 오늘날 인간이 우주를 이해하는 데 가장 강력하고도 정교한 지식을 제공하고 있습니다. 우주과학의 대중화를 이끈 세계적인 천문학자 칼 세이건은 이 책을 통해 우주의 원리에 관한 다양한 지식과 에피소드를 전하고 있습니다. 우리는 이 책을 읽음으로써 인간과 우주가 근본적으로 연결되어 있다는 사실을 파악할 수 있습니다. 또한 우주의 구성 요소들과 그것들이 만들어 놓은 또 다른 세상에 대해서도 종합적인 관점을 가질 수 있죠.

우주는 불확실한 공간이지만 과학자들은 이 미지의 공간에서 확실성을 찾기 위해 끊임없는 열정을 기울여 왔습니다. 과학자로서 갖춰야 할 탐구 자세가 무엇인지 이 책을 읽으며 생각해 보길 바랍니다.

삼국지

#중어중문학 #역사학 #국어국문학

        중국의 고전 중 가장 유명한 책으로 중국 원나라 말의 소설가이자 극작가인 나관중[1330?~1400]이 역사를 바탕으로 전승되어 온 이야기들을 재구성하여 만든 작품입니다.

        한나라 멸망 후 펼쳐지는 무수히 많은 영웅호걸들의 싸움과 죽음, 전쟁, 음모와 지략을 들려주는 장편 역사소설로, 현대에 와서는 영화나 게임 등으로도 제작되고 있습니다. 주인공인 유비, 관우, 장비의 도원결의부터 솥발처럼 셋으로 나누어진 위, 촉, 오 삼국이 하나로 합쳐지기까지 조조, 손권, 제갈공명, 사마의, 조자룡 등 수많은 영웅들이 펼치는 힘과 지혜의 다툼이 흥미진진하게 담겨 있습니다.

삼국지는 워낙 유명하고 방대한 책이다 보니 우리나라에서도 다양한 형태로 출간되었는데, 가장 대표적인 것이 민음사의 삼국지와 창작과비평사에서 나온 삼국지입니다. 민음사의 삼국지는 총 10권으로 구성되어 있으며, 소설가 이문열이 해석하고 기술하였습니다. 창작과비평사의 삼국지 역시 총 10권으로 소설가 황석영이 해석하고 기술한 것으로 유명합니다.

이 책을 추천하는 이유

경기과학고는 수학 과학 중심의 영재 교육과 더불어 미래 사회를 이끌어 가는 데 필요한 리더 교육을 실시하고 있습니다. 실제로 재학생들 상당수가 교양 과목으로 개설된 리더십 수업을 듣고 있죠. 그런데 이 리더십의 핵심 요소가 바로 처세술(사람들과 사귀며 살아가는 기술)이 아닐까 합니다. 그런 의미에서 영웅들의 삶의 지혜와 경영의 묘妙가 담긴 나관중의 〈삼국지〉를 추천합니다.

이 책에 등장하는 인물들의 됨됨이와 활약상 등을 보면서 리더십의 유형과 특징, 성공한 리더와 실패한 리더의 차이점에 대해 생각해 보면 더 유익한 독서가 될 것입니다. 또한 인간관계의 본질에 대해서도 깊이 성찰해 보는 계기가 되길 바랍니다.

페르마의
마지막 정리

#수학 #교육학 #물리학

페르마의 정리는 17세기 프랑스의 수학자 페르마에 의해서 제기된 명제에서 출발합니다. '$x^n + y^n = z^n$'에서 n이 3 이상의 정수일 때, 이 방정식을 만족하는 정수해(x, y, z)는 존재하지 않는다는 명제가 바로 그것이지요. 이것을 증명하기 위해 수학자들은 오랜 시간 동안 수많은 고민을 해왔습니다. 1963년, 당시 열 살배기 소년이었던 앤드루 와일즈는 시골 도서관에서 한 권의 책과 마주친 뒤로 분명한 삶의 목표를 갖게 됩니다. 그로부터 30년이 지난 1993년 6월 23일, 프린스턴 대학 교수가 된 와일즈는 한 학술 회의에서 페르마의 마지막 정리를 증명한 뒤 "이쯤에서 끝내는 게 좋

겠습니다."라는 차분한 한마디로 350년 동안 수학자들을 괴롭혀왔
던 수수께끼를 풀었습니다. 이 책은 앤드루 와일즈의 이야기를 통해
수학의 아름다움을 한 편의 드라마처럼 보여 줍니다.

이 책을 추천하는 이유

수학을 좋아하는 친구들이라면 꼭 한번 읽어야 할 책이라고 생각
합니다. 특히 경기과학고에서 연구 활동을 하면서 수많은 실험들을
설계할 때 큰 도움이 될 수 있는 책입니다.

〈페르마의 마지막 정리〉는 수학에 관한 역사부터 수학적 난제 등
을 다루고 있으며, 350여 년간 아무도 증명하지 못했던 페르마의 정
리를 앤드루 와일즈가 증명하는 이야기를 중심에 두고 깊이 있게 다
루고 있습니다. 그 속에서 지난 수백 년 간의 수학의 역사를 훑어볼
수 있을 것입니다. 또한 이 책은 앤드루 와일즈의 수학에 대한 열정
과 더불어 그의 인생 역정이 굴곡있게 표현되고 있어 타인의 인생을
들여다보고 이를 통해 자신의 인생을 스케치해 볼 수 있는 기회를
제공한다는 점에서 꼭 읽기를 권합니다.

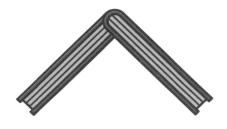

경신고등학교
추천 도서

경신고는 방과후 독서 토론을 통해 다양한 독서 활동을 펼쳐 나가고 있습니다.

대구광역시 수성구에 자리한 경신고는 1966년 상업 고등학교로 개교했다가 1979년 인문계 고등학교로 전환했습니다. 상업 학교였다는 흔적 때문인지 한때 인문계 학생들이 기피하는 학교로 꼽혔으나 교사들의 헌신적인 노력으로 눈에 띄는 변화가 일어났습니다. 1980년대 전국의 고등학교에 야간 자율 학습 제도가 도입되기 전에도 경신고는 이미 매일 밤 10시까지 자율 학습을 했고, 야간 자습이 전국의 모든 고교로 확대되자 아침 7시 보충 수업을 시작하며 이른바 '-1교시'를 운영했죠. 또한 1980년대부터 수업 난이도를 '상·중·하'로 나눠 수준별 이동 수업을 실시했습니다. 이처럼 치열한 노력은 놀라운 결과를 이끌어 냈습니다. 대구 지역에서 선호도 최하위였던 학교가 서울대 최다 합격자 배출 학교로 빛을 보게 된 것이지요. 2015학년도 대입 수능에서는 수능 만점자를 4명이나 배출해 학교 이름이 인터넷 실시간 검색어 1위에 오르는 등 기염을 토하기도 했습니다. 2011학년도부터는 자율형 사립고로 운영되었지만 2018학년도부터 다시 일반고로 전환되었습니다.

Who am I?
나는 내가 만든다

#심리학 #상담학 #교육학

청소년들에게 '나'를 알아가는 기회를 주고 삶의 방향을 잡는 데 도움을 주고자 기획된 책으로, 실제 학교 수업을 통해 진행된 교육 프로그램이기도 합니다. 책임 저자인 안광복 교사는 오랜 기간의 연구와 전문가의 자문, 수업 참여 학생들의 사례를 모아 이 책을 저술하였습니다.

이 책은 크게 1. 나는 누구인가 (자기 정체성 확립 프로그램), 2. 더 멀리 보자 (비전 수립 프로그램), 3. 나는 내가 책임진다 (자기 관리 프로그램), 4. 함께하면 즐겁다 (커뮤니케이션 향상 프로그램)의 4개의 장으로 구성되어 십대들이 자기 탐색을 할 수 있도록 이끌어 줍니다.

자기 자신, 주변 사람들, 더 나아가 세계와 미래의 모습까지 체계적으로 넓혀가며 생각해 볼 수 있도록 구성되어 있으며, 실제 교사들에게도 유용한 자료로 쓰일 수 있는 책입니다.

이 책을 추천하는 이유

'나는 누구인가?' 가장 기본적이면서도 동시에 가장 어려운 질문입니다. 이 책은 서두에서 이렇게 말합니다. "원하는 것이 확실하지 않다면 열심히 노력할 이유도 없습니다. 부모님과 선생님이 떠밀고, 정작 인생의 주인인 자신은 떠밀려 가는 괴로운 삶은 여기에서 비롯됩니다." 이것은 '나'를 찾는 것이 중요함을 역설하는 구절입니다. 이 책은 따라 하는 것만으로도 나에 대한 진지한 고민이 이뤄지는 활동지를 제공합니다. 그만큼 촘촘한 구성이 돋보이는데요. 특히 인상적인 부분은 '단점 같은 장점 찾기'입니다. 수업이나 상담을 하다 보면 상당수의 학생들이 자신의 장점보다는 단점을 묻는 질문을 받았을 때 훨씬 쉽게, 많은 내용을 답하는 것을 볼 수 있습니다. 이들에게 자신의 단점이 장점이 될 수 있음을 깨닫게 하는 것은 의미 있다고 생각합니다. 이 책을 통해 살아가면서 진짜로 중요한 것이 무엇인지 깨닫게 되기를 바랍니다. 살면서 가장 중요한 것은 자기중심을 잃지 않는 것이라는 것을 말입니다. 이제 진짜 '나'를 찾아가 볼까요?

박경미의
수학N

#수학 #수학교육학 #철학

수학과 일상생활을 접목하고, 수학과 인문학을
함께 풀어낸 책으로 인류의 역사와 함께한 수학 이야기부터 세상 곳
곳에 숨어 있는 수학 지식까지 찾아 들려줍니다.

1~3장에서는 수학과 문학, 영화, 미술을 융합하여 예술적인 상
상력과 창의력을 북돋울 수 있도록 했고, 4~6장에서는 수학과 사회,
철학, 역사를 융합하여 수학을 인문학적 시각에서 바라볼 수 있도록
했습니다.

중·고등학교 수학 교과서의 집필자이기도 한 저자는, 많은 학생
들이 수학 공식을 암기하고 적용하는 데 그치는 것을 우려하며 수학

을 보다 풍요롭게 이해하기 바라는 마음에서 이 책을 썼다고 합니다. 이 책은 수학을 지식으로서 이해하는 것뿐만 아니라 수학을 풍부하게 감상하는 감수성을 자연스럽게 길러줄 것입니다.

이 책을 추천하는 이유

'아는 만큼 보인다. 보이는 만큼 느낀다.'라는 말이 있습니다. 학교에서 읽은 문학 작품이나 역사책, 주말에 본 영화나 미술 작품, 그리고 길을 걷다 들은 음악 속에도 수학이 숨어 있다는 사실을 알게 된다면 어떤 느낌일까요? 그리고 이러한 사실을 알고 봤을 때와 모르고 봤을 때 우리의 경험은 서로 어떻게 다르게 다가올까요?

수학은 꼭 수학 교과서 속에만 있는 것이 아니라, 우리와 멀지 않은 생활 곳곳에 숨어 있습니다. 책을 읽으며 수학적 깨달음을 얻으면 세상을 보는 눈도 달라질 것입니다. 수학에 일상생활을 접목해 풀어낸 이 책이야말로 여러분들에게 꼭 추천해 주고 싶은 책입니다.

나의 생명
수업

#생명과학 #생태학 #환경학

    이 책은 생명과학자인 김성호 교수가 20여 년 동안 지리산과 섬진강에 서식하고 있는 다양한 동식물을 만나고 경험하면서 생명체들로부터 배운 진실한 삶의 내용을 담은 생태 에세이입니다.

    책은 크게 세 부분으로 나누어져 있습니다. 첫 번째 장은 '눈을 맞추면 친구가 된다', 두 번째 장은 '무식하게 사랑하라', 세 번째 장은 '더불어 사는 세상이 아름답다'입니다.

    주변에서 쉽게 볼 수 있는 동물들과 서식지의 생태는 물론이고, 백령도 점박이 물범, 비무장지대 산양과 같이 일반인이 접근하기 어려운 곳에 사는 생명들까지 저자가 직접 찍은 귀한 생태 사진과 함께 생생하게 만날 수 있습니다.

이 책을 추천하는 이유

〈나의 생명 수업〉은 우리나라 곳곳에서 볼 수 있는 여러 생명체들의 생활을 삶의 진리와 엮어 철학적인 느낌이 물씬 풍기면서도 재미있는 설명이 친근감을 더해줍니다.

고등학교에서 생명과학을 공부하다 보면 이론에 치우쳐 우리 주변 가까이에 있는 '자연' 그 자체에는 무관심해지기 쉽습니다. 도시에서 태어나 개, 고양이, 비둘기, 가로수 외에 진정한 자연을 느껴 본적이 없는 학생들에게, 학교에서조차 딱딱한 생명과학 이론을 가르쳐야만 하는 현실이 너무 가슴이 아픕니다. 자연을 있는 그대로 바라보고 우리의 삶과 연결지어 생각해 보는 여유를 가졌으면 하는 바람입니다.

바쁜 일상의 연속이지만 잠시만 짬을 내어 이 책을 보게 된다면 그야말로 '힐링'의 세계를 경험하게 될 겁니다. 책 한 장 한 장에 담긴 자연의 모습을 보고 있노라면 마치 그곳으로 여행을 떠난 듯한 기분이 들 테니까요.

연인
서태후

#영어영문학 #역사학 #문예창작학

〈대지^{The Good Earth}〉로 노벨 문학상을 수상한 펄 벅의
소설로 중국의 3대 악녀로 불리는 서태후^{1835~1908}의 일대기를 그린 작
품입니다. 펄 벅은 미국에서 태어난 지 3개월 만에 선교사였던 부모
를 따라 중국으로 옮겨 가 10여 년을 지냈으며, 그후 미국으로 건너
가 대학을 마치고 다시 중국으로 돌아와 중국 남경대학의 교수가 되
었습니다. 그녀의 중국에 대한 애정은 평생에 걸쳐 이어졌고, 이 소
설 역시 그러한 배경에 의해 탄생했습니다.

　펄 벅은 〈연인 서태후〉에서 역사적인 사건들을 다시 살펴보기
보다는 서태후라는 인물을 인간적이고 여성적인 모습으로 바라보고

있습니다. 중국 청조 말기에 후궁으로 간택되면서 냉철한 실권자가 되어가는 서태후의 모습을 그려내고 있지만, 권력에 집착하는 모습이 아닌 사랑을 숨길 수밖에 없었던 비극적인 모습들을 묘사하고 있지요. 또한 자금성, 원명원 등 중국의 고궁과 화려한 궁중 생활을 묘사하여 간접적으로나마 중국 청나라 말기의 모습을 엿볼 수 있습니다.

이 책을 추천하는 이유

서태후에 대한 역사적 평가가 아닌, 그녀의 인간적 면모를 서태후 자신의 입장에서 서술하고 있다는 것이 이 책의 가장 큰 매력입니다. 서구 열강의 침입이 임박한 청나라 말기부터 멸망에 이르기까지의 주요 사건들을 오롯이 그녀의 눈으로 바라볼 수 있습니다.

교과서에서 딱딱하게만 배웠던 아편 전쟁, 태평천국 운동, 톈진 조약 등의 역사적 사건을 마치 내가 청나라 사람이 되어 겪는 것처럼 생생하게 느낄 수 있습니다. 한 나라의 모든 것을 송두리째 쥐고 흔들었던 서태후는 죽기 직전, 아이러니하게도 "다시는 여인이 정치를 못하게 하라. 다시는 나처럼 불행한 여인이 나오지 않았으면 한다."는 말을 남겼다고 합니다. 그녀를 악녀로 바라보는 입장에서는 이해하기 힘든 부분이지만, 평범한 여자로서의 삶을 포기할 수밖에 없었던 '여인' 서태후는 못내 서글펐는지도 모르겠습니다.

아름다운 삶,
아름다운
도서관

#문헌정보학 #행정학 #교육학

　　이 책은 전국학교도서관담당교사 서울모임 교사들의 외국 도서관 탐방 프로젝트 여정 중 북유럽 탐방 기록을 담은 책입니다.

　　이 책은 복지 제도와 교육으로 세계인의 이목을 끌고 있는 북유럽 국가들, 즉 핀란드, 스웨덴, 노르웨이, 덴마크의 도서관과 학교, 문화 등을 다양한 사진과 함께 설명하고 있습니다.

　　총 3부로 구성되어 있으며, 1부 도서관 편에서는 대형 도서관부터 자그마하게 자리 잡고 있는 마을 도서관에 이르기까지 여러 도서관을 소개하고, 2부 학교 편에서는 북유럽의 학교 교육을 설명하고 있습니다. 3부 문화 편에서는 각 나라에 있는 독서 관련 공간들을 보여 줍니다. 마지막에는 탐방 여정과 함께 탐방을 준비하면서 읽은 책과 영화를 제시하여 향후 좀 더 자세하게 살펴보고 싶은 독자들에게 도움을 주고 있습니다.

이 책을 추천하는 이유

우리는 외국을 여행할 때 그 나라의 역사와 전통을 느끼기 위해 박물관이나 상징적인 장소를 방문하곤 합니다. 이 책은 도서관 역시 한 나라의 숨결이 담긴 공간이라고 말합니다. 그러면서 당대의 건축양식이 녹아들어 웅장한 외관을 자랑하는 옛 도서관부터, 과거의 차분하고 삭막한 이미지를 벗어 던지고 독특한 개성으로 무장한 현대 도시의 도서관에 이르기까지 다양한 도서관을 보여 줍니다.

누구든지 배움과 지식을 얻을 수 있으면서 공평한 기회를 제공받을 수 있는 '열린 공간'이 바로 도서관입니다. 시대와 장소를 넘어 우리 삶 속에서 함께하고 있는 '열린 공간'을 이야기하고 있는 이 책을 추천합니다.

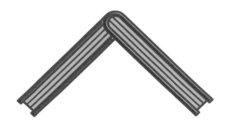

김천고등학교
추천 도서

토요일 9시간의 몰입 독서 '토마독(토요일 마라톤 독서)'
은 김천고가 탄생시킨 유명한 독서 프로그램입니다.

1931년에 개교한 김천고는 동문 수가 4만여 명에 이릅니다. 이곳의 교사와 학생들은 그 오랜 역사와 전통에 큰 자부심을 갖고 있지요. 2010년부터 전국 단위 자사고로 운영되고 있는 김천고는 동문들이 모아준 2만여 권 장서를 바탕으로 독서·토론 교육을 집중적으로 하고 있는데, 이것이 전국 토론대회를 휩쓴 비결 중 하나입니다.

　　김천고는 자사고답게 자율적인 교육 과정을 운영하고 있습니다. 그중 가장 눈에 띄는 것이 3학기제로, 1월 초부터 약 5주간 운영되는 3학기를 통해 학생들은 정규 과목에 없는 심화 강좌를 선택하여 들을 수 있습니다. 'AP 경제학, 논어, 중용, 인문학, AP심리학, AP통계' 등 다양한 분야에서 70개가 넘는 강좌들이 개설되어 진로와 관련된 역량을 키우고, 학교생활기록부에 전부 기재되어 수시, 특히 학생부종합전형에서 큰 힘을 발휘하고 있습니다. 김천고 교사들은 모든 강좌의 커리큘럼을 직접 개발하는 등 학생들을 위한 열정이 대단합니다. 학생 4명 이상이 원하면 어떤 과목이든 개설하는 '야간·휴일 맞춤형 특강'도 김천고의 자랑입니다.

오만과
편견

#영어영문학 #역사학 #인류학

영국인들이 가장 사랑하는 여류 작가, 제인 오스
틴의 대표 작품으로, 1813년 발표한 이후 200년이 지난 지금까지도
세계인의 사랑을 받고 있는 책입니다.

〈오만과 편견〉은 사랑과 결혼이라는 보편적 정서를 잘 전달하고
있는데, 결혼과 사랑이라는 주제를 단순하게 다루지 않고 다양한 가
치관을 가진 인물들의 내면을 통해 생생하게 묘사하고 있습니다. 또
한 인간이 가진 심리와 행동을 재치 있는 문체로 그려 낸 것이 특징
입니다. 특히 제인 오스틴의 소설에서는 18세기 여성의 삶을 볼 수
있는데 당시 여성들은 따로 직업을 갖기가 어려웠고, 결혼해서 남편

에게 의지할 수밖에 없었답니다. 그런 시대에 당당하게 자신의 사랑과 행복을 찾는 여자 주인공이 등장하자 많은 독자들의 사랑을 받았고, 영화, 연극, 드라마 등으로 재탄생되어 꾸준한 인기를 얻고 있는 베스트셀러입니다.

이 책을 추천하는 이유

김천고 생활에 잘 적응하려면 지식과 지혜는 물론, 자기 주도 학습 능력, 시간 관리 능력이 탁월해야 합니다. 그중에서도 특히 지혜와 인성의 좋은 자양분이 될 서양 고전 명작을 추천합니다. 이 책은 김천고의 논술 및 토론 수업에서 자주 읽히는 양서로 많은 학생들이 이 책을 통해 서양 고전의 크고 아름다운 세계에 발을 들여 놓았습니다.

여러분은 우리가 타인을 이해한다고 여길 때, 그 이해 뒤에 얼마나 많은 나의 오해와 곡해가 숨어 있을지 생각해 본 적이 있나요? 이 책은 타자에 대한 인식이 때로는 나의 오독이 만든 내 머릿속의 환상일 수 있음을 잘 보여 줍니다. 이를 통해 독서의 재미와 명작이 주는 교훈을 동시에 느끼기 바랍니다.

지적 대화를
위한
넓고 얕은 지식
(역사·경제·정치·사회·윤리 편)

#역사학 #사회학 #정치학

　　　　베스트셀러 작가 채사장의 대표작으로 역사, 경제, 정치, 사회, 윤리 전 과정을 재미있는 이야기로 자연스럽게 풀어낸 책입니다. 방대했던 지식들이 꼬리에 꼬리를 물고 펼쳐지면서 독자들은 자연스럽게 교양을 쌓을 수 있습니다.

　　총 4개의 영역으로 구성되어 있는데 역사 영역에서는 원시 공산 사회에서부터 고대 노예제, 중세 봉건제, 근대 자본주의, 제국주의, 냉전시대, 신자유주의에 이르기까지 전체적인 역사의 흐름을, 경제 영역에서는 자본주의와 공산주의, 성장 중심 정책과 분배 중심 정책을, 정치 영역에서는 보수와 진보, 민주주의에 대해 살펴볼 수 있습니다. 또한 최근 사회적 이슈가 되고 있는 FTA, 무상급식, 민영화 등의 문제까지 언급하면서 이에 관한 지식도 전해 주고 있습니다. 사회 영역에서는 전체주의와 자연권, 세금 등을, 마지막으로 윤리 영역에서는 의무론과 목적론, 칸트, 공리주의, 하이에크와 롤스 등을 다루고 있습니다.

이 책을 추천하는 이유

김천고에서는 학생들끼리 토론하는 모습을 자주 볼 수 있습니다. 친구들끼리 대화할 때는 무엇보다 다양한 상식, 해박한 지식들이 나타나기 마련이지요. 대부분의 학생들이 국·영·수뿐만 아니라 역사·정치·시사 등 다방면에 박식합니다.

이 책은 역사·정치에서 종교·예술에 이르기까지 폭넓은 영역에 걸쳐 꼭 알아야 할 지식들을 아주 쉽고 재미있게 전달해 주고 있습니다. 읽는 내내 지루하다는 느낌이 없고, 핵심 지식을 체크해 주는 코너가 중간중간에 있어 내용이 오래도록 기억에 남습니다. 제목 그대로 지적 대화를 위한 넓고 얕은 지식을 잘 정리한 이 책을 읽고 나면 깊은 지식의 세계를 탐구하고 싶은 욕구가 생길 것입니다. 대화나 상식에서 밀리고 싶지 않은 친구들에게 알찬 지식을 전하는 이 책을 추천합니다.

정의란
무엇인가

한국 200만 부 돌파, 37개국에서 출간된 세계적 베스트셀러

마이클 샌델

JUSTICE
정의란 무엇인가

김선욱 감수
이창신 옮김

아마존
뉴욕 타임스
베스트셀러

삼프로 CEO
현대경제연구원
추천도서

'돈으로 살 수 없는 것들』, 마이클 샌델의 대표작
국립중앙도서관 추천 우수 이렇도서
MBC 문화사색, KBI 책 읽는 밤 추천도서
한국간행물윤리위원회 선정 대학신입생 추천도서

#정치학 #경제학 #사회학

세계적 학자이자 대표적인 공동체주의 이론가로
손꼽히는 마이클 샌델 교수의 실제 하버드대학교 강의 'JUSTICE(정
의)'를 담은 책입니다. 이 강의는 하버드대학교에서 가장 인기 있고
영향력 있는 수업으로 손꼽힌다고 합니다.

샌델 교수는 이 책을 통해서 우리가 시민으로 살면서 부딪히는
어려운 질문들을 설득력 있게 풀어가고 있습니다.

이 책은 총 10장으로 구성되어 있으며, 그 내용은 1장 정의란 옳
고 그름을 판단하는 문제일까, 2장 최대 행복 원칙: 공리주의, 3장
우리는 우리 자신을 소유하는가?: 자유지상주의, 4장 대리인 고용:

시장 논리의 도덕성 문제, 5장 동기를 중시하는 시각: 이마누엘 칸트, 6장 평등을 강조하는 시각: 존 롤스, 7장 소수 집단 우대 정책 논쟁: 권리 vs. 자격, 8장 정의와 도덕적 자격: 아리스토텔레스, 9장 우리는 서로에게 어떤 의무를 지는가?: 충성심의 딜레마, 10장 정의와 공동선입니다.

이 책을 추천하는 이유

이 책에서는 '정의란 무엇인가'라는 질문에 정답을 주지 않습니다. 그저 다른 철학자들이나 저자가 생각하는 정의의 다양한 관점들을 '소개'할 뿐이지요. 따라서 독자는 이 책을 읽고 '아, 정의란 이런 것이구나'하는 깨달음을 얻는 것이 아니라 '정의란 대체 무엇일까?' 하는 더 큰 의문을 가지게 됩니다. 그리고 그 의문을 해소하기 위해 스스로 '자신만의 정의'를 생각하게 되지요. 이 책을 추천하는 이유가 바로 '계속해서 생각하고 고민하는 능력'을 길러주기 때문입니다. 김천고에 입학하게 되면 학습부터 생활까지 대부분의 활동이 자기주도적으로 이루어집니다. 그렇기 때문에 스스로 생각하지 않고 외부에서 시키는 대로 수동적으로 생각하고 움직인다면 학교 생활이 힘들 수 있습니다. 자기주도적 태도를 기르기를 원하는 학생들에게 꼭 추천합니다.

위로의
디자인

#디자인학 #미술학 #건축학

일상에서 우리에게 마음의 위로를 전하는 디자인과 예술 작품을 소개하는 책입니다. 때로는 영감을 주고, 때로는 미소 짓게 하며, 사람과 사람 또는 자연과 자연이 대화하게 하고, 그럼으로써 우리의 삶을 새롭게 전환시켜 주는 다양한 작품들을 책 속에서 만날 수 있습니다.

마을 주민을 위한 디자인인 'Sleepers Awake', 장애 어린이를 위한 공공예술인 맨해튼의 'Garden in Transit', 햇빛에 반응하는 장식품인 '모닝 글로리', 숲을 위한 건축물인 'A Path in the Forest' 등을 통해 일상에 자리 잡고 있지만 그냥 지나치기 쉬웠던 놀랍고 경이로운 보통의 예술을 접할 수 있습니다. 또한 디자인의 아름다움뿐 아니라 기능에 대해서도 살펴볼 수 있는 책입니다.

이 책을 추천하는 이유

삶에 녹아든 여러 간편한 디자인들을 쉽고 따뜻하게 풀이해 주는 책입니다. 디자인이라는 영역을 다루고 있지만 미래를 꿈꾸는 청소년 모두에게 유용합니다.

디자인이 갖는 경제적 가치, 이를 상용화하는 기술을 설명하는 글들은 많지만, 디자인이 전하는 위로나 그로 인한 사고의 전환 등에 대해 조명한 글은 찾아보기 힘들지요. 이 책은 디자인이 예술 장르를 뛰어넘어 심리 · 문화 등 각종 분야와 결합되는 방식을 잘 보여 줍니다. 이로써 김천고가 바라는 '융합적 인재상'이 되는 데 필요한 교양을 전하죠.

그런가 하면 어떤 디자인이 소통과 공감을 이끌어 내는지 소개해 유익한 정보도 제공합니다. 김천고 입학 후 많은 학생들이 PPT 등 프레젠테이션 문서 디자인의 중요성을 느끼게 되는데, 이 책을 읽는다면 디자인 역량을 키워 효과적인 발표를 할 수 있게 될 것입니다.

탄소
문명

#화학 #신소재학 #에너지학

　　일본의 과학 관련 저술가 사토 겐타로가 집필한 책으로, 이 책에서는 인류의 문명이 탄소를 토대로 세워진 '탄소 문명'이라고 말합니다. 일상생활을 구성하는 모든 물질들의 대부분은 물론이고 우리 몸을 구성하는 단백질과 DNA도 모두 탄소로 이루어져 있기 때문이지요. 따라서 자연스럽게 인류의 역사는 탄소를 둘러싸고 벌어진 사건들 속에서 전개되어 왔으며, 오늘날에도 탄소를 차지하기 위한 쟁탈전이 세계 곳곳에서 벌어지고 있습니다. 새로운 탄소 화합물을 개발하기 위한 경쟁도 치열하지요. 우리는 이 책을 통해 탄소와 인류의 역사를 살펴보고, 그 미래를 전망할 수 있습니다.

이 책은 크게 3부로 구성되어 있으며 1부에서는 인류의 생명을 지탱해준 물질들, 2부에서는 인류의 정신을 움직인 물질들, 3부에서는 세계를 움직이는 에너지에 대해 살펴볼 수 있습니다.

이 책을 추천하는 이유

이 책을 추천하는 이유는 크게 3가지입니다. 첫째, 이 책은 미래 가치가 높은 탄소 원자에 대해 깊이 있는 지식을 전달합니다. '그래핀Graphene(강철보다 강하고, 탄성이 뛰어난 탄소 기반의 신소재)'을 비롯해 탄소나노튜브 등 첨단 신소재의 세계를 본격적으로 설명하고 있죠. 둘째, 융합 지식에 도움이 되는 내용을 다룹니다. 이 책은 미래 사회의 변화상을 잘 그리고 있고, 탄소가 각 분야에서 어떻게 응용될 수 있는지 보여 줍니다. 과학과 관련이 없는 진로를 꿈꾸는 학생들에게도 이러한 융합 아이디어는 좋은 자극제가 될 것입니다. 셋째, 다양한 상상력과 창의성의 기반을 제공합니다. 탄소 화합물을 통해 진귀한 소재들이 만들어지는 것을 보면 창조의 세계가 얼마나 무한한지 느낄 수 있을 것입니다. 무엇보다 이 책에 담긴 모든 내용은 제4차 산업혁명을 앞둔 시점에 꼭 필요한 교양을 제시합니다.

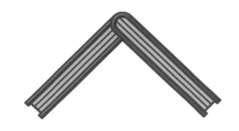

대원외국어고등학교
추천 도서

대원외고의 재학생들은 졸업 때까지 총 5권의 원서를 강독하는 프로그램을 비롯해 독서 논술 프로그램, 우수논문 발표 대회 등의 활동을 실시합니다.

서울시 광진구 중곡동에 위치한 대원외고는 국내 최초의 외고이자 최고의 입시 실적을 자랑합니다. 또한 국내 최초로 해외 유학반을 신설해 아이비리그(Ivy League) 명문 합격의 돌풍을 일으키기도 했죠. 전공 학과로는 '영어과, 독일어과, 프랑스어과, 스페인어과, 일본어과, 중국어과' 등 6개 학과가 있습니다.

대원외고가 가장 중시하는 학습 목표는 '인성 교육을 바탕으로 한 창의 교육'입니다. 이를 위해 학교는 독서 논술 프로그램 'CEDA', 인문학 특강, 대원아카데미, 우수논문 발표 대회를 실시하는 한편, 동아리 · 스포아츠(sports+arts) 등 다양한 비교과 활동을 운영합니다. '원서 강독'도 대원외고만의 독특한 교육 프로그램입니다. 한 권의 원서를 읽는 수업이 교사의 독해 강의로만 채워지는 것이 아니라 학생들의 토론과 발표로도 꾸며지며, 이 과정에서 융합적인 주제가 자주 다뤄집니다. 대원외고 학생들은 매년 학교에서 제공하는 '스터디 플래너'를 활용해 성적 및 학습 관리를 하며, 학교 안 북카페에서 이루어지는 그룹 프로젝트 활동과 토론 준비, 회화 공부를 통해 미래를 만들어 갑니다.

Short Stories by Edgar Allan Poe

(원서)

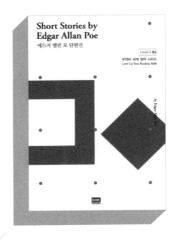

#영어영문학 #문예창작학 #연극영화학

19세기 에드거 앨런 포의 단편소설을 담은 책입니다. 그의 대표작인 〈검은 고양이〉, 〈윌리엄 윌슨〉, 〈황금 벌레〉를 가볍고 흥미롭게 영어 원서로 읽을 수 있습니다.

에드거 앨런 포는 단편소설 분야에서 오늘날까지 그 천재성을 인정받고 있는 작가입니다. 추리소설의 창시자로 불리기도 하며, 19세기 중반 미국 문학을 세계적 수준에 근접시킨 작가로 꼽히고 있지요.

〈검은 고양이〉는 인간의 어두운 내면인 광기, 분노 등을 파헤친 작품이며, 〈황금 벌레〉에 나오는 수학 암호문은 굉장히 유명합니다. 단편소설로 되어 있기 때문에 영어 원서로 읽기 편하며, 내용 자체도 흥미로워 영어로 된 소설을 접할 때 매우 좋은 책입니다.

이 책을 추천하는 이유

에드거 앨런 포의 작품들은 그의 기이한 인생 궤적 때문에 종종 과장된 초현실주의이자 기괴한 정신 착란의 결과물로 오인되는 경우가 많았습니다. 그러나 그의 작품 면면을 들여다보면 인간이 느끼는 공포의 발생 지점을 정확하게 꿰뚫어 보는 날카로운 작가적 시선을 발견하게 됩니다.

특히 그의 작품은 근대 계몽주의에서 비롯된 이성과 과학에 대한 맹신이, 인간 의식의 불완전성을 어떻게 파고드는지 잘 보여 줍니다. 그래서인지 독자의 이해 수준과 관점에 따라 새롭게 읽혀지는 것이 매력이기도 하지요.

이 책은 미국 단편 소설의 예술적 완성도를 끌어올리는 데 지대한 영향을 미친 책으로 대원외고를 지망하는 학생들에게 꼭 추천하고 싶은 책입니다. 국어 국문학이나 심리학을 공부하고 싶은 친구들에게도 강력하게 추천합니다.

걸리버
여행기
(무삭제 완역본)

#영어영문학 #정치학 #사회학

조너선 스위프트가 1726년에 발표한 〈걸리버 여
행기〉는 지금까지도 세계 문학의 고전으로 꾸준히 사랑받고 있습니
다. 정직하고 성실한 의사인 걸리버가 여러 이상한 나라를 여행하면
서 겪는 사건들을 다루고 있는데, 각 나라의 정치와 풍습 등을 상세
하게 묘사하여 보여 줍니다. 소재 자체가 흥미롭다 보니 어린이들을
위한 동화로 잘못 알려진 경우가 많지만, 사실 이 책은 당시의 현실
을 신랄하게 비판한 풍자 소설입니다.

총 4부로 구성되어 있으며, 1부에서는 소인국인 릴리퍼트 기행, 2
부에서는 거인국인 브롭딩낵 기행, 3부에서는 하늘을 나는 섬의 나라 라퓨타, 발니바르비, 럭넉, 글럽덥드립과 일본 기행, 4부에서는 말들의 나라 휴이넘 기행 등이 펼쳐집니다.

이 책을 추천하는 이유

중학생들에게 추천하는 풍자 문학의 대표작입니다. 조너선 스위프트는 이 작품에서 1700년대 영국의 정치 환경이 가지고 있던 여러 문제점을 환상·코미디와 적절하게 섞어 비판하면서 인간 본성이 갖는 선악에 대해 진지하게 고찰합니다.

소인국·거인국 등 환상적인 배경과 여행기라는 설정, 맛깔스러운 문체 때문에 한때 우리나라에서는 어린이 명작 동화로 소개되는 해프닝도 있었습니다. 그러나 예술로서의 언어유희와 상상력 뒤에는 냉철한 현실 분석에 따른 문제의식이 숨어 있게 마련입니다. 작품 읽기에 앞서 당시 영국의 정치 현실과 사회상에 대한 배경지식을 쌓길 권합니다.

명심보감

#한문교육학 #역사학 #중어중문학

기본적인 인간관계 속에서 어떻게 자신의 삶을 책임 있게 꾸려나갈 수 있는지 그 방법을 알려 주는 책이 바로 〈명심보감〉입니다. '명심보감'은 마음을 밝혀 주는 보배로운 거울이라는 뜻을 가지고 있습니다.

여러 번역서가 있지만 2005년 홍익출판사에서 출간한 〈명심보감〉은 고려 말 충렬왕 때의 학자인 추적이 엮은 것을 백선혜 씨가 옮긴 것입니다. 중국 명나라의 〈명심보감〉에서 진수만을 간추려 축약본을 펴냈고, 이것이 우리나라에 널리 퍼져서 많은 사람들에게 오랜 시간 인생의 길잡이 역할을 하였습니다.

총 25장으로 구성되어 있으며, 각각의 장에서 삶의 자세와 마음가짐을 어떻게 가져야 하는지 전해 주고 있습니다.

이 책을 추천하는 이유

대원외고의 교양 프로그램 가운데 하나가 〈명심보감〉 윤독(돌려읽음)입니다. 가정교육의 첫 번째 권장도서로 손꼽히는 〈명심보감〉은 수많은 현인들의 말씀과 행적을 통해서 인간 본래의 길을 제시하는 지혜서입니다. 독자로 하여금 한 가정 또는 사회 안에서 자신의 역할과 행동이 어떠해야 하는지 돌아보게 해 주지요. 대원외고 학생들도 이 책을 읽으며 자식으로서, 친구로서, 제자로서, 형 또는 아우로서 평소 자신의 언행과 행동을 곰곰이 생각해 보게 된다고 합니다. 인간관계에 관한 최고의 고전으로 꼽히는 〈명심보감〉에서 제시하는 격언들은 오늘날의 우리에게도 소중한 교훈이 될 수 있다는 점에서 추천합니다.

습관의
힘

#심리학 #교육학 #경영학

　　뉴욕 타임스 기자 찰스 두히그는 반복되는 행동
이 극적인 변화를 만든다는 사실을 다양한 취재 자료를 통해 보여
줍니다. 저자는 수많은 논문과 수십여 곳의 다국적 기업에서 실시한
비공개 연구 자료를 파헤치고, 300여 명의 과학자와 경영자를 인터
뷰하면서 습관이 개인적인 삶을 넘어 조직, 기업, 사회에까지 매우
큰 영향을 끼치고 있다는 것을 발견하였습니다.

　　치약이 어떻게 전 세계인의 필수품이 되었으며, 스타벅스는 어떻
게 말썽꾸러기 직원을 1년 만에 최우수 사원으로 만들었는지 등 다
양한 사례를 통해 자신과 세상을 간단하고 완벽하게 바꿀 수 있는

방법을 소개하고 있습니다.

총 3부로 구성되어 있으며, 1부에서는 개인의 습관, 2부에서는 기업의 습관, 3부에서는 사회의 습관을 분석하여 정리하였습니다.

이 책을 추천하는 이유

늘 시간이 부족하고 열심히 공부해도 성적이 오르지 않는다는 학생들이 많습니다. 하지만 이들 가운데 상당수는 잘못된 생활 습관 때문에 꽤 많은 시간을 허비하고 있습니다.

사람들의 행동 패턴을 분석해 보면, 하루 일과의 상당 부분이 매일 반복되는 행동들로 채워진다는 것을 알 수 있습니다. 그런데 반복되는 행동들 중에는 무의식적으로 굳어 버린 잘못된 습관도 많지요. 이를 인식해서 개선하지 않으면 새로운 삶의 기회를 얻기 힘듭니다.

인생은 마음먹기에 달려 있고, 마음가짐은 매일 반복되는 습관 속에서 형성된다는 말이 있습니다. 결국 여러분의 삶을 업그레이드하는 방법은 나쁜 습관을 버리고 새롭고 멋진 습관을 들이는 일이라는 점에서 이 책을 추천합니다.

청소년을 위한
사회학 에세이

#사회학 #교육학 #사회교육학

       이 책은 사회 교과서를 집필한 경인교육대학교 사회교육과 구정화 교수가 청소년들이 사회학에 더욱 쉽고 재미있게 다가갈 수 있도록 하기 위해 집필한 책입니다.

       이 책을 통해 우리를 둘러싼 다양한 일상 속에서 사회 문화의 주요 흐름과 핵심 개념을 한눈에 읽을 수 있습니다. 즉 사회를 이루는 근간이 무엇인지, 개인과 사회의 관계는 어떠한지, 나와 서로 다른 사람들과 더불어 살아가는 방법은 무엇인지 등을 사회학 이론과 개념을 연결시켜 친절하게 설명하고 있습니다. 또한 학생들이 사회학을 학문적으로 파악할 수 있도록 연구 및 학습 방법 등을 상세히 소개하고 있으며, 사회학사의 주요 실험을 다룬 '재미있는 연구'와 '개념 정리' 등의 읽을거리를 통해 교과 공부와 연결시킬 수 있도록 정리하였습니다.

이 책을 추천하는 이유

이 책은 청소년들을 위한 사회학 입문서로, 다양한 일상 속 현상을 통해 사회학의 흐름과 주요 개념을 알려 줍니다. '우리는 왜 아이돌에 열광할까?', '친구들은 왜 졸업식에서 옷을 벗었나?', '단 하루라도 휴대 전화 없이 살 수 있을까?' 등 학생들에게 친숙한 주제를 통해 사회학 이론을 풀이해 주는 식이지요.

우리는 사회 속에서 다양한 관계를 맺으며 살아가고 있고, 우리의 행동과 선택은 타인의 삶과 사회에 영향을 줄 수 있습니다. 그러한 점에서 볼 때 사회인으로서 올바른 관점과 기준을 갖는 것은 무척 중요합니다. 또한 이 책은 고등학교 '사회 문화' 교과서의 주요 내용을 충실히 반영해 교양과 학과목을 잇는 연계물로서도 의미가 깊다고 생각합니다.

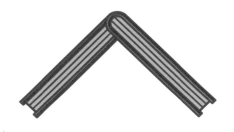

대전과학고등학교
추천 도서

대전과학고는 명실상부한 과학 인재의 산실로, 챌린
지 과정과 인텐시브 과정으로 운영되는 방과후 수업
을 통해 배움을 보다 확장해 나갈 수 있습니다.

1984년에 개교한 대전과학고는 2014년부터 과학영재학교로 전환되어 새롭게 도약하고 있는 영재학교의 '자율성'이 물씬 묻어나는 곳입니다. 과학고 시절에 지역의 우수 인재들이 몰렸다면, 지금은 전국의 인재들이 몰리며 재학생들의 수준도 더욱 높아졌습니다.

대전과학고에서의 수업은 원리 이해에 집중하면서도 진도는 일반 학교보다 2배 이상 빠릅니다. 수학을 예로 들면 1학년 때 고교 3년 과정에 해당하는 내용을 전부 배우고, 2학년 때는 미적분학, 선형대수학 등 대학교 과정의 과목들까지 배우게 됩니다. 학생들은 시간이 날 때마다 주로 세미나실에 모여 못다 한 공부를 서로 알려주고 요점 정리를 같이 하는데, 이러한 분위기 때문에 대전과학고에는 방과후 학교 프로그램이 활발하게 운영되고 있습니다. 방과후 수업은 챌린지 과정과 인텐시브 과정이 있는데, 챌린지 과정에서는 교과 내 심화 학습을, 인텐시브 과정에서는 교과 수준보다 확장된 내용까지 짚을 수 있어서 학생들은 정규 수업에서 배웠던 내용을 방과후 수업을 통해 확장하고 다양한 문제를 풀면서 재미를 찾을 수 있습니다.

순간의
꽃

#국어국문학 #국어교육학 #철학

고은은 한국의 대표적인 참여 시인으로서 1958년 〈현대시〉를 통해 등단한 이후 다양한 시를 창작해 왔습니다. 고은은 어린 나이에 입산하여 승려가 되었는데, 진솔하게 삶의 내면을 성찰하는 시를 통해 세계에 대한 깊이 있는 철학적 인식을 드러냈습니다.

이 책에는 185편의 시들이 제목 없이 짧은 시구들로 연결되어 있으며, 삶의 매 순간마다 발견하게 되는 깨달음을 간결하고 담담한 어투로 전하고 있습니다.

이 책을 추천하는 이유

많은 학생들이 소설을 읽는 데는 익숙해져 있지만, 시를 감상하는 것에는 거리감을 느낍니다. 시어의 함축성 때문에 내용을 제대로 이해하는 것이 어렵다는 반응이 많죠.

이 시집은 독자로 하여금 시가 갖는 절제미를 쉽고 부담 없이 받아들일 수 있도록 이끕니다. '작은 시편'이라는 부제에 걸맞게 짧은 시 여러 편이 모여 다양한 여백을 이루고 있지요. "내려갈 때 보았네 / 올라갈 때 보지 못한 / 그 꽃"이라는 작품(「그 꽃」)은 시의 여백이 무궁무진한 생각의 공간이라는 것을 보여 줍니다.

한편 이 책은 삶에서 마주하는 수많은 경험이 그 자체로 얼마나 소중한 시로 피어나는지 느끼게 합니다. 영재학교에서 생활하다 보면 하루하루가 무척 바쁘게 느껴질 것입니다. 그런데 문학적 감수성은 또 다른 창의성으로 이어지기 때문에 시를 읽는다는 것은 매우 뜻깊은 일입니다. 각박해지기 쉬운 일상에서 시를 통해 큰 위로를 받을 수 있다는 점에서도 추천합니다.

논어,
사람의 길을
열다

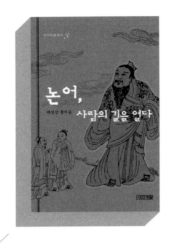

#한문교육학 #중어중문학 #철학

〈논어〉는 공자의 사상을 담고 있는 대표적인 책입니다. 논어에는 공자가 생각한 정치적 비전, 경제 원칙, 예술의 가치, 성숙한 인격 등이 들어 있는데, 10여 년간 논어를 연구해 온 배병삼 교수는 이를 청소년들이 이해하기 쉽게 편집하였습니다.

저자는 공자의 사상이 현재를 살아가는 우리에게 어떤 문제의식을 갖게 하며, 또 어떤 지혜를 깨닫게 하는지 책을 통해 전달하고 있습니다. 논어 여행을 위한 준비로 시작하여 차례대로 학이, 위정, 팔일, 이인, 공야장, 옹야, 술이, 태백, 자한, 향당, 선진, 안연, 자로, 헌문, 위령공, 계씨, 양화, 미자, 자장, 요왈 편 등 총 20편의 내용을 소개하고 있으며, 끝으로 공자가 꿈꾼 인간과 세상에 대해 설명해 주고 있습니다.

이 책을 추천하는 이유

약 2500년 전에 쓰인 중국의 고전 〈논어〉는 요즘 학생들에게 어렵고 재미없는 책으로 여겨질 것입니다. 그런데 〈논어, 사람의 길을 열다〉에서 저자는 〈논어〉의 내용을 중·고등학생 수준에 맞춰 말랑말랑하고 경쾌하게 풀어 놓았습니다. 논어를 구성하는 스무 편의 글에서 각각 뼈대가 되는 주제를 추려 이를 쉽게 해설한 덕분입니다.

책을 읽다 보면 '왜 공부해야 하는지, 사람들과 어떻게 관계를 맺고 살아야 하는지, 어떤 사회를 꿈꾸어야 하는지' 등 여러분이 흔히 하는 고민에 대한 해답의 실마리도 얻을 수 있습니다. 물론 그 답의 중심에는 '인간다운 삶'이 자리 잡고 있지요.

사람들은 과학을 차갑고 엄격한 것으로 여기지만, 이 또한 결국은 인간의 삶을 위한 학문입니다. 과학자에게 철학적 식견이 없다면 과학을 자칫 도구로만 생각하는 위험에 빠질 수 있습니다. 논어를 통해 인류의 지혜를 접한다면 과학고 학생으로서 바람직한 가치관을 형성하는 데 도움을 받을 수 있을 것입니다.

침묵의
봄

#생명과학 #환경학 #지구과학

　　레이첼 카슨이 1962년에 발표한 책으로, 독자들에게 환경 문제의 심각성과 중요성을 일깨워 주어 20세기에 가장 큰 영향력을 미친 책으로 일컬어집니다. 레이첼 카슨은 타임지가 선정한 20세기를 변화시킨 100인 중 한 사람으로도 뽑혔습니다.

　　저자는 친구로부터 받은 편지 한 통을 계기로 살충제의 사용 실태와 그 위험성을 조사하고, 생명과학자로서의 전문지식과 작가로서의 능력을 발휘해 생태계의 오염이 어떻게 시작되고 생물과 자연환경에 어떤 영향을 미치는지 구체적으로 설명하고 있습니다. 또한 방사능 낙진으로 인해 더욱 절실해지기 시작한 환경 문제의 복잡성을 알기 쉽게 풀어냈습니다. 레이첼 카슨의 노력은 미국 연방 정부 차원의 규제를 요청하는 시민운동을 이끌어 냈으며, 우리가 아직도 과학과 기술에 대한 맹신에 빠져 있지 않나 되돌아보게 해줍니다.

이 책을 추천하는 이유

〈침묵의 봄〉은 환경학 분야에서 최고의 고전으로 꼽힙니다. 저자는 이 책에서 무분별한 살충제 사용으로 인해 파괴되는 생태계의 모습을 적나라하게 고발하고 있습니다.

살충제가 환경을 오염시키고 인간에게 해를 끼친다는 사실은 이 책이 나오기 전까지만 해도 은폐된 진실이었습니다. 당시에는 환경이라는 말 자체가 낯설고, 과학 기술에 대한 맹신이 팽배해 있었죠. 이 책은 환경 문제에 대한 사회적 인식과 정부 정책을 변화시켰습니다. 당시 이 책을 읽은 한 상원의원은 케네디 대통령에게 자연 보호 전국 순례를 건의하였으며, 이를 계기로 지구의 날(4월 22일)이 제정되기도 하였습니다. 이는 사회적 소통 행위로서 독서가 지니는 가치를 가장 모범적으로 보여 준 사례로 꼽힙니다. 헬레나 노르베리 호지의 〈오래된 미래라다크로부터 배우다〉와 함께 읽는다면 책이 주는 울림이 더 깊고 클 것입니다.

옛 그림에도
사람이
살고 있네

#미술학 #미술교육학 #역사학

　　조선의 대표적인 화가 18명의 작품을 통해 조선 사회의 생활상과 정치, 사회, 문화, 사상적 흐름을 살펴볼 수 있는 책입니다. 옛 그림들 안에는 임금, 왕족, 사대부, 무관, 기생, 몰락한 선비, 서얼까지 조선 사회의 다양한 계층들의 삶의 모습이 나타나 있습니다.

　　내용을 총 3개의 전시실로 구성하여 제1전시실에서는 신윤복의 기다림, 이암의 모견도, 강희안의 고사관수도, 김홍도의 행상과 자리짜기, 김정희의 세한도를, 제2전시실에서는 안견의 몽유도원도, 김희겸의 석천한유도, 윤두서의 진단타려도, 최북의 금강산 표훈사도, 이 인상의 검선도, 진재해의 연잉군 초상과 채용신, 조석진의 영조 어진, 어몽룡의 월매도, 제3전시실에서는 신사임당의 노연도, 윤덕희의 책 읽는 여인, 남계우의 화접쌍폭도, 김홍도의 죽리탄금도, 장한종의 책가도, 신윤복의 연당의 여인을 소개하고 있습니다. 저자는 그림을 우리의 삶과 연계하여 감상함으로써 우리가 당면한 문제를 풀어가는 데 도움을 얻을 수 있을 것이라고 이야기합니다.

이 책을 추천하는 이유

이 책에서는 조선 시대의 그림을 차근차근 알기 쉽게 설명해 주고 있습니다. 마치 미술관에서 작품 해설가의 이야기를 직접 듣는 것처럼, 생동감 넘치는 저자의 해설이 매력적입니다. 또한 조선 시대 그림이 '시詩, 서書, 화畵'를 한 화면에 융합한 형식이고, '문文, 사史, 철哲'을 하나로 포괄한 내용이라는 것을 제대로 느끼도록 합니다. 당시에 그림이 학문의 경계를 넘나드는 유연한 사고 활동의 촉매였다는 것을 알 수 있지요. 조선 시대 화가들은 사군자만 열심히 그렸을 것이라는 편견을 가진 학생들에게 특히 이 책을 추천하고 싶습니다. 그만큼 책에서 소개하는 조선 시대의 그림에는 우리네 삶의 생생한 파노라마가 펼쳐져 있습니다.

학교생활기록부에 기록하는 독서활동

독서활동은 입시에 직간접적으로 영향을 미치고 있습니다. 왜냐하면 학생들이 책을 통해서 얼마나 깊이 있는 학습을 했는지 살펴볼 수 있기 때문이지요. 그래서 중학교 생활기록부와 고등학교 생활기록부에는 독서활동상황 항목이 있고, 학년별로 기록하게 되어 있습니다. 독서활동상황은 크게 과목별 독서활동과 공통 독서활동으로 나뉩니다.

과목별 독서활동은 교과목별로 해당교과 관련 독서활동을 교과담당교사가 입력하되, 그 책이 특정 교과에 해당하지 않을 경우 학급담임교사가 공통으로 입력할 수 있습니다. 꼭 그런 것은 아니지만 학교마다 학생이 그 책을 읽었는지 확인하기 위해 독서기록장이나 독서포트폴리오 등의 증빙자료를 제출하는 곳이 많답니다. 선생님은 학생이 제출한 증빙자료를 바탕으로 독서활동상황을 기록하게 되지요.

입력 가능 글자수가 있기 때문에 무한정 많은 책을 기록할 수 없답니다. 공통 독서활동의 경우 학년별로 총 500자, 과목별 독서활동의 경우 학년별로 총 250자로 제한되어 있기 때문에 나에게 큰 영향을 준 책 위주로 우선순위를 두는 것이 중요합니다.

일반적으로 1학년 때는 다양한 분야에 관심을 갖고 책을 읽되, 2~3학년 때는 자신이 전공하게 될 분야에서 보다 깊이 있는 책으로 실력을 기르고 완성시켜 나가는 것이 좋습니다.

■ 중 · 고등학교 학교생활기록부 항목

일련	중학교 학교생활기록부 항목	고등학교 학교생활기록부 항목
1	인적사항	인적사항
2	학적사항	학적사항
3	출결상황	출결상황
4	수상경력	수상경력
5	진로희망사항	자격증 및 인증 취득상황
6	창의적 체험활동상황 (자율활동, 동아리활동, 봉사활동, 진로활동)	진로희망사항
7	교과학습발달상황	창의적 체험활동상황 (자율활동, 동아리활동, 봉사활동, 진로활동)
8	자유학기활동상황	교과학습발달상황
9	**독서활동상황**	**독서활동상황**
10	행동 특성 및 종합의견	행동 특성 및 종합의견

■ 학교생활기록부 내 독서활동상황 사례

학년	과목 또는 영역	독서활동상황
1	국어	(1학기) 아홉 살 인생(위기철), 자전거 도둑(박완서), 불균형(우오즈미 나오코), 자전거 여행(김훈)

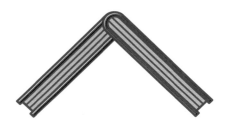

상산고등학교
추천 도서

상산고는 교내 '양서선정위원회'에서 매년 선정하는
'필독 도서 50권 · 권장 도서 50권'을 가지고 독서 및
심화 활동을 해 나가고 있습니다.

상산고는 우리나라 전통문화를 대표하는 도시인 전북 전주시에 자리 잡고 있습니다. 1981년에 개교한 상산고는 '자사고의 원조'로 꼽히는 곳으로 수시 · 정시에서 모두 강점을 보이는 교육 과정, 탁월한 수준의 심화 수업으로 우등생들에게 '꿈의 학교'로도 불립니다.

상산고는 교육 과정에서 수학 수업에 가장 역점을 두고 있는데, 수학 정규 교과 과정이 3단계 수준별 이동 수업으로 운영되며, 그 밖에 맞춤형 수학 강의가 실시됩니다. 개교 이래 매년 시행되고 있는 '상산 수학 경시대회'는 수학 최상위권 실력자들의 각축장이 되고 있습니다. 상산고는 점심시간이 1시간 30분이며, 매일 5교시(50분)를 자기 계발 시간으로 자유롭게 활용하도록 하고 있습니다. 그러다 보니 동아리 및 과제 연구 활동이 효과적으로 꾸준히 운영되며, 진로 탐색 등 자아를 찾는 기회가 다양하게 열려 있습니다.

엔트로피

#철학 #경제학 #물리학

행동주의 철학자인 제레미 리프킨의 대표작으로
과학과 기술에 대한 환상을 다시 한 번 생각해 볼 수 있는 책입니다.
'엔트로피'란 물리학에서 나오는 어려운 개념인데 '물질이 열역
학적 변화를 일으킬 때 변화된 온도를 열량으로 나눈 값으로, 쓸 수
없게 된 에너지'를 의미합니다. 저자가 말하는 엔트로피란 열역학 제
2법칙, 즉 "모든 물질과 에너지는 사용이 가능한 것에서 사용이 불
가능한 것으로 또는 질서 있는 것에서 무질서한 것으로 변화한다."
는 것입니다. 이 법칙에 따르면 지구에서든 우주에서든 어디에서라
도 질서를 창조하기 위해 더 큰 무질서를 만들어 내야 합니다. 하지

만 그 과정에서 과도한 에너지를 사용함으로써 쓸 수 없는 에너지가 많이 만들어지고 그것들이 사회적 현상과 연관되어 환경 오염, 실업 등의 혼란이 가속화되고 있다고 저자는 말하고 있습니다. 따라서 인류 역사를 유지시키기 위해서는 지구 자원의 한계를 인식하고 우리가 사용하는 기술의 한계를 설정하는 저低엔트로피 세계관을 받아들여야 한다고 주장합니다.

이 책을 추천하는 이유

이 책은 열역학 제2법칙인 '엔트로피 법칙'의 개념을 통해 현대 사회의 물질 문명을 비판하고 있습니다. 이 책에서는 인구 문제, 식량 문제, 환경 문제 등 인류의 심각하고 절망적인 문제에 대해서 보다 근본적인 원인을 지적하고, 이를 해결하기 위한 실마리를 제공하고 있습니다.

상산고는 앞으로 우리 사회를 이끌어갈 지도자를 키우는 학교입니다. 그런 측면에서 한국 사회 및 국제 사회가 가지는 문제점이 무엇인지 정확하게 알고, 그러한 상황에 문제의식을 가질 수 있는 학생으로 자랐으면 합니다. 저자가 서문에서 '이 책은 희망에 관한 책입니다.'라고 밝힌 대로, 학생들이 이 책을 읽고 변화하는 사회에서 절망보다는 희망을 갖고 살아가는 힘을 배웠으면 좋겠습니다.

삼대

#국어국문학 #역사학 #사회학

염상섭의 〈삼대〉는 3·1 운동 전후로 일제 강점기의 혼란하고 암담한 시대상을 배경으로 한 장편소설입니다. 구세대의 전형적인 인물인 할아버지 조의관, 과도기적 인물인 아버지 조상훈, 우유부단한 손자 조덕기 등 3대에 걸쳐 이어지는 서울 중산층 가족의 모습을 통해 우리 근대의 자화상을 볼 수 있습니다.

일제 강점기 대지주의 모습과 그 당시에 볼 수 있었던 사회주의자들의 모습이 복잡하게 얽혀 이야기가 전개되는데, 할아버지가 죽자 쑥대밭이 되는 덕기의 집안, 젊은 사회주의자들의 상호 불신과 배신, 그리고 그들 내부에서의 갈등과 테러가 인상 깊게 묘사되었습니다.

문학과지성사에서 출간한 책의 권말에는 작품의 문학적 의의와 인물 형상화 방식에 대한 비평이 실려 있고, 작가 연보와 작품 목록, 참고 문헌 등이 같이 실려 있어 작품을 보다 깊이 있게 이해할 수 있습니다.

이 책을 추천하는 이유

장편소설 〈삼대〉는 1931년 조선일보에 연재되었던 염상섭의 대표작입니다. 구한말부터 식민지시대에 이르기까지 할아버지(조의관)에서 손자(조덕기)에 이르는 한 가족의 삼대에 걸친 이야기를 통해서 당시 한국의 사회상을 잘 보여 주고 있습니다.

이 작품에서는 세대의 변화와 갈등을 그리고 있지만, 이 과정에서 발견하게 되는 '유대' 관계를 찾아보도록 노력하면서 읽으면 더욱 의미가 있을 것 같습니다. 점점 대가족의 의미를 잃고 핵가족 또는 '혼자'의 시대에 익숙한 청소년들에게 가족의 의미와 자신의 정체성을 둘러보는 계기가 되었으면 좋겠습니다.

동양 철학
에세이

#철학 #한문교육학 #역사학

인류 역사에서 학문적으로 가장 자유롭고 화려했다는 중국의 춘추 전국 시대 제자백가의 여러 사상을 다루고 있는 책입니다.

이 책은 '어떻게 살 것이며, 무엇을 할 것인가'라는 삶의 근본적인 물음에 대해, 여러 사상가들이 제시한 풍부한 경험을 바탕으로 한 실천적인 철학을 설명하고 있습니다.

총 10여 개 사상의 핵심 주장을 상세하게 설명하고 있는데, 공자(사람은 무엇으로 사는가), 노자(인생의 보배를 간직하라), 묵자(약자를 지키는 방패), 장자(광활한 정신 세계의 끝없는 이야기), 맹자(유가의 파수꾼), 순자(동양의 프로메테우스), 법가(인간을 조직하고 인간을 활용한다), 명가(상식을 부순 사람들), 농가(농사꾼의 영원한 벗), 주역(점쟁이와 철학자) 등으로 구성되어 있습니다.

이 책을 추천하는 이유

많은 학생들이 서양의 철학자들에 대해서는 관심을 갖는 반면, 동양 철학이라고 하면 고리타분하고 시대에 뒤떨어진 내용이라고 생각하여 일단 거리감을 두는 경향이 있습니다. 이 책은 이러한 청소년들에게 동양의 사상과 사상가를 알기 쉽게 소개하고 있어 추천합니다.

이 책에서는 공자와 맹자를 비롯하여 제자백가의 주요 사상을 하나하나 소개합니다. 하나의 사상이 탄생하게 된 시대적 배경과 중심 역할을 한 인물의 삶을 소개하면서 그 사상의 핵심 주장과 당대에 그 사상이 가졌던 의미를 알기 쉽게 들여다보고 있지요. 동시에 2천 년이 지난 오늘날 현대인의 삶과 시각에서 각 사상의 한계와 모순들을 짚어내기까지 합니다. '온고지신溫故知新'이라는 사자성어를 외워 쓸 줄 아는 청소년들이라면 그 의미를 이 책으로 새겨 보는 것도 좋을 것 같습니다.

서양화
자신 있게
보기

#미술학 #철학 #역사학

　　이 책은 EBS에서 방영된 프로그램인 '이주헌의 미
술 기행'의 내용을 담은 것입니다. 2003년에 총 3권으로 출간되었
는데 기존의 1권과 2권을 합본하여 2017년에 개정판이 출간되었습
니다.

　　개정판은 총 25개의 장으로 구성되어 있으며 '미술 감상을 어떻
게 할 것인가?'라는 내용부터 본다는 것, 서양화, 역사화, 초상화, 풍
경화, 정물화, 장르화, 원근법, 빛과 색, 상징, 모델, 고전주의, 낭만주
의, 바로크와 로코코, 사실주의, 인상파, 후기 인상파, 상징주의, 표현
주의와 야수파, 추상파, 판화, 조각, 미술관, 미술 시장 등의 내용까지

담고 있습니다. 미술을 흥미롭고 유익하게 감상할 수 있고, 서양 미술에 대한 교양을 쌓을 수 있는 책입니다.

저자인 이주헌은 한겨레신문 문화부 미술 담당 기자를 거쳐 학고재 관장을 지냈고, 미술평론가로 활동하고 있습니다.

이 책을 추천하는 이유

고전주의, 낭만주의 등 우리는 '○○주의'라고 하면 일단 진지하게 생각하고 어려워하는 경향이 있습니다. 왠지 모를 거부감에 정작 문조차 열지 못하고 돌아서는 일들이 많이 있지요. 이 책은 '서양화 자신 있게 보기'라는 제목처럼 이렇게 문밖에서 서성이는 많은 사람들에게 그림의 문을 열어 볼 수 있는 아주 좋은 계기를 마련해 줍니다. 주변에서 자주 봤던 그림들, 화가들에 대한 친근한 접근과 해설이 책을 읽는 이로 하여금 관심을 불러일으키게 합니다. 책을 읽는다기보다는 그림을 읽는다는 표현이 더 맞을 것 같습니다. 그러면서 '내가 왜 지금까지 문 밖에서 서성였을까'라고 스스로에게 묻게 되는 책입니다. 문을 두드려 보세요.

서울예술고등학교
추천 도서

예술가로 자라고 싶은 학생들이라면 예술에 대한 안
목과 감각을 높이는 것도 중요합니다. 고전에서 현대
까지 다양한 시대의 예술 관련 도서를 읽음으로써 진
정한 예술적 실력을 갖출 수 있습니다.

서울예고는 우리나라 최초이자 최고(最高)의 예고로 꼽히는 곳입니다. 1953년에 개교하여 역사가 깊은 만큼 동문들의 활약도 대단합니다. 1세대 여류 피아니스트 신수정을 비롯해, 세계적인 첼리스트 정명화, 한국을 대표하는 지휘자 금난새, 한국의 피카소로 불린 서양화가 고(故) 이두식 등 한국 예술계의 중추 역할을 해 온 인사들이 많이 있습니다. 서울예고는 엘리트 예술 교육의 산실로, 전국 단위로 학생을 선발해 각 지역 우수 인재들의 지원이 활발합니다.

예고 교육 과정의 가장 큰 특징은 전공 실기 수업의 비중이 높다는 것입니다. 또 다른 장점은 매년 음악 콩쿠르, 무용 발표회, 미술 전시회 등의 교내 대회를 개최한다는 것으로, 재학생들은 대회 준비 과정에서 실력도 높이고, 수상 실적을 대입 자료로도 활용한다고 합니다. 교내 대회에는 대학 교수들도 참여해 엄정한 심사를 하는 만큼 그 수준이 매우 높아 입시에 많은 도움을 준다고 합니다.

남한산성

#국어국문학 #역사학 #연극영화학

　　김훈의 대표작으로 2007년 초판이 나온 이후 10년 동안 100쇄를 기록한 스테디셀러입니다. 병자호란 당시에 남한산성에 갇힌 무기력한 인조의 모습, 그 안에서 벌어진 주전파(전쟁하기를 주장하는 파)와 **주화파**(전쟁을 피하고 화해할 것을 주장하는 파)의 다툼, 그리고 고통 받는 백성들의 삶을 소설의 형식으로 생생하게 보여 주고 있습니다.

　　소설은 1636년 12월 14일부터 1637년 1월 30일까지 47일 동안 남한산성 안에서 벌어진 참담하고 고통스러운 기록을 담고 있는데, 결사항쟁을 고집한 주전파 김상헌과 역적이라는 말을 들으면서

까지 삶의 영원성이 더 가치있다고 주장한 주화파 최명길의 대립으로 갈등은 고조됩니다. 그리고 그 둘 사이에서 고민하는 인조의 모습을 볼 수 있습니다. 2017년 개봉한 영화 〈남한산성〉의 원작이기도 합니다.

이 책을 추천하는 이유

병자호란 당시, 길이 끊겨 남한산성에 갇힌 무기력한 인조 앞에서 벌어진 주전파와 주화파의 다툼, 그리고 고통받는 민초들의 삶을 통해 치욕스러운 역사를 보여 주는 소설입니다. 특히 남한산성 내에서의 왕의 심리, 신하들의 갈등, 군사들의 동요를 묘사한 대목을 읽으면서 중대한 결정을 앞둔 이들이 감내해야 할 고통의 무게를 엿볼 수 있습니다. 이를 통해 타인의 삶을 보다 깊이 이해하는 마음을 가질 수 있을 것입니다. 사람의 마음을 읽는 훈련을 한다는 것은 예술가로 성장하는 데 중요한 자양분이 된다는 점에서 이 책을 추천합니다.

또한 청나라 군대의 침입 앞에서 허무한 담론만을 쏟아 내는 지배층과, 고된 삶을 꿋꿋하게 살아 나가는 백성들의 모습이 대비되면서 '가치 있는 신념信念이란 무엇인가'에 대해서도 생각해 볼 수 있습니다. 참고로 이 책은 고등학교 문학 교과서와 대학교 논술 시험에서도 제시문으로 소개된 바 있습니다.

오래된 미래

라다크로부터 배우다

#인류학 #행정학 #사회학

인도 북부에 위치한 작은 마을 라다크는 자원이 풍부하지도 않고, 혹독한 기후 환경에 처해 있지만 마을 사람들은 생태적 지혜를 통해 천 년이 넘도록 평화롭고 건강한 공동체를 유지해 왔습니다.

스웨덴의 언어학자이자 사회운동가인 헬레나 노르베리 호지는 1975년 언어 연구를 위해 라다크에 방문하였다가 이 마을에서 지속 가능한 발전과 평등한 삶의 방식을 보게 되고, 이 내용을 책으로 담아 세상에 소개하였습니다. 라다크에서 보낸 16년의 삶이 이 책에 생생하게 기록되어 있지요.

총 3부로 구성되었으며, 1부에서는 전통문화를 유지하며 살아가는 라다크인들의 삶을 보여 주고, 2부에서는 서구 문물의 유입으로 전통문화가 파괴되고 갈등이 일어나는, 변화해 가는 라다크의 모습을 보여 줍니다. 마지막 3부에서는 라다크의 전통을 지키면서 지속 가능한 개발을 꾀할 수 있는 방안은 무엇인지 그 모델을 제시합니다.

이 책을 추천하는 이유

〈오래된 미래〉는 전 세계적으로 유명한 베스트셀러입니다. 이 책은 서구 세계와는 전혀 다른 가치를 추구하며 저생산성과 느림의 철학으로 살아가는 라다크 마을 사람들의 이야기를 통해 사회와 지구 전체가 나아갈 방향에 대해 생각해 보게 만듭니다.

독자들은 이 책을 읽으면서 '진정한 행복이란 무엇인가?'에 대해 끊임없이 질문하게 될 것입니다. 정신적 풍요와 행복은 예술이 추구하는 본질이라는 점에서, 예술가의 길을 택한 청소년들이 꼭 읽어 볼 것을 권합니다. 라다크인들의 삶의 모습을 모방할 수는 없어도, 그들이 누렸던 정신적 풍요와 행복이 무엇이었는지 그 실체는 알 수 있을 것입니다.

박이문의
문학과
철학 이야기

#철학 #국어국문학 #불어불문학

　　우리 시대의 세계적 철학자인 박이문이 문학과
철학의 경계에 대해 진솔한 대화를 시도한 책으로, 저자가 다양한 매
체에 발표했던 글들을 다시 정리해 놓은 것입니다.

　　이 책에서는 '문학과 철학의 경계를 넘어서, 문학은 철학적이어
야 하는가? 문학의 철학성, 문학의 철학적 세 가지 가능성, 철학의 분
류적 뜻과 평가적 뜻, 문학적 언어와 철학적 언어, 예술과 진리, 시적
언어, 시적 지향과 미학적 조망, 문학이 나아가야 할 길' 등의 내용을
다루고 있습니다.

　　책을 통해 문학 텍스트와 철학 텍스트를 구별할 수 있으며, 언어

의 기능, 시를 쓴다는 것은 무엇인지 등을 자세히 살펴볼 수 있습니다. 특히 문학의 철학적 가능성을 생각해 보게 만들어 주는 책입니다.

이 책을 추천하는 이유

인문학은 예술의 본질을 깊이 이해하는 데 반드시 필요한 학문이라는 점에서 양질의 가르침이 담긴 이 책을 추천합니다. 중·고등학생이 읽기에는 조금 난해할 수 있지만 예술 전체를 바라보는 거대한 안목을 기르는 데 도움을 줄 것입니다.

철학계의 원로인 저자는 문학과 철학의 경계를 깊이 파고듭니다. 철학에서 이야기하는 존재나 신, 죽음에 관한 이야기들은 문학 속에도 종종 등장합니다. 이러한 점에서 철학과 문학은 비슷한 부분이 많습니다. 그러나 분명 그 둘 사이에는 특별한 차이점이 존재합니다. 그것은 과연 무엇일까요? 저자는 이와 관련한 다양한 논의와 쟁점들을 보여 줍니다. 독자들은 이를 통해 예술의 본질에 대해서도 이해할 수 있게 됩니다. 이 책을 읽다 보면 예술의 각 분야 역시 수많은 사고와 논리의 정점에 있다는 것을 깨달을 수 있을 것입니다.

신경림의
시인을
찾아서
1·2

#국어국문학 #문예창작학 #역사학

우리나라 현대시를 대표하는 시인들의 고향과 유적을 답사하며 시인들의 작품 세계와 삶을 이해할 수 있도록 해주는 책으로 신경림 시인이 저술했습니다.

시를 가장 잘 이해하려면 그 시인이 어떤 환경과 조건에서 자라왔으며, 그 시를 쓸 당시 무슨 생각을 하고 있었는지가 중요한데, 그런 점에서 이 책은 한국 현대시를 이해할 수 있는 좋은 길라잡이 역할을 해줍니다.

책은 1권과 2권으로 출간되었으며, 2013년에 두 권의 내용을 모아 한 권으로 만든 개정판이 나왔습니다. 1권에서는 정지용 시인부터 천상병 시인까지 총 22명의 작품 세계를 소개하고 있고, 2권에서는 김지하 시인부터 안도현 시인까지 총 23명의 작품 세계를 소개하고 있습니다. 이 책을 통해 저자가 우리 땅 곳곳을 다니며 찾아낸 소중한 시인들의 이야기를 마주할 수 있습니다.

이 책을 추천하는 이유

시인 신경림이 우리 시대 대표 시인의 행적을 찾아 기행하면서 쓴 글을 모아 엮은 책으로, 1편에서 이미 유명을 달리한 시인을 다루었다면 2편에서는 현재 활동하고 있는 시인들을 대상으로 하고 있습니다. 두 편을 읽는 것이 부담스럽다면 마음이 가는 한 권을 선택해 읽어도 좋습니다. 이 책은 한국 현대시의 정수精髓로 꼽히는 거의 모든 작품들을 시인의 뒷이야기와 함께 소개하고 있습니다. 덕분에 고등학교에서 배우는 시문학을 미리 살펴보는 한편, 시인들이 겪어 온 삶의 애환을 들여다볼 수 있죠. 이들의 다양한 인생을 만날 수 있다는 점은 이 책의 가장 큰 매력입니다.

저자는 "세상이 아무리 변해도 사람들의 마음에서 아름답고 순수하고 참된 것을 찾는 뜻이 없어지지 않는 한 시는 존재할 것이다." 라고 말합니다. 시가 추구하는 정신을 통해 예술의 의미를 생각해 보면 좋겠습니다.

사피엔스

#인류학 #생명과학 #철학

히브리 대학교 역사학과 교수 유발 하라리의 대
표작으로 지금 우리 인류의 조상격인 호모 사피엔스 종이 유일한 승
자로 지구상에 살아남게 된 이유를 설명해 주고 있습니다. 또한 인류
가 이루어 놓은 유전공학과 생명공학 기술을 자세히 설명하면서 이
러한 기술들이 인간의 생리기능, 면역계, 수명뿐 아니라 지적, 정서
적 능력까지 크게 변화시킬 것이라고 예측하고 있습니다.

책은 총 4부로 구성되어 있으며 1부에서는 인지 혁명, 2부에서는
농업 혁명, 3부에서는 인류의 통합, 마지막 4부에서는 과학 혁명에
대해 설명하고 있습니다. 인류가 멸종할 것인지, 더 나은 진보를 이

록할 것인지, 어떤 것에 방점을 두고 어떤 미래를 만들 것인지에 대해 함께 고민하도록 만들어 주는 책입니다.

이 책을 추천하는 이유

최근 이스라엘의 한 젊은 학자가 쓴 책이 전 세계의 출판계와 학계에 커다란 충격을 안겼습니다. 바로 유발 하라리의 〈사피엔스〉로, 이 책은 단숨에 세계적인 베스트셀러가 되었습니다.

역사학 교수이기도 한 저자는 책에서 수만 년의 역사를 관통하여 인류의 진로를 형성한 것이 세 가지 대혁명이라고 말합니다. 7만 년 전의 인지 혁명, 1만 2천 년 전의 농업 혁명, 500년 전의 과학 혁명이 바로 그것이지요. 이 중에서 인지 혁명은 아직 인류에게 신비의 영역에 해당합니다. 이 책을 읽다 보면 '변방의 유인원 호모 사피엔스는 어떻게 세상의 지배자가 되었나?', '수렵 채집을 하던 조상들은 어떻게 한곳에 모여 도시와 왕국을 건설하였나?' 등 인간이라는 종種에 대해 우리가 가졌던 갖가지 궁금증을 해결하는 실마리를 찾을 수 있습니다. 여러분은 앞으로 기성세대와는 전혀 다른 세상을 경험하게 될 텐데요, 이 책을 통해 진일보한 현대 인류의 미래를 재미있게 상상해 보았으면 합니다.

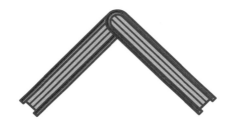

세종과학고등학교
추천 도서

세종과학고에서는 학생들이 도서관과 친해질 수 있
도록 매 학기 '도서관 축제'를 운영하고 있습니다.

2008년 개교 이래 우수한 인재들을 배출하고 있는 세종과학고는 시공 단계부터 과학고로 설계되어 지어진, 과학 교육에 최적화된 시설을 갖추고 있는 학교로 유명합니다.

세종과학고의 대표적인 교육 프로그램으로는 '과제연구'와 'R&E(Research & Education)'를 들 수 있습니다. 과제연구는 학생 스스로 탐구 주제를 정해 실험과 연구를 실시하여 1년에 2편씩 논문을 작성하는 프로그램입니다. 특히 각 학기별로 일주일씩 이루어지는 집중탐구활동 기간을 통해 밤늦게까지 치열한 실험과 연구가 진행되며, 그 결과인 논문은 각종 대회에서 높은 실적의 원천이 됩니다. 학생들은 과제연구를 통해 탐구의 원리와 과정을 익히고 과학자로서의 경험을 해보게 됩니다. R&E는 이와 별도로 대학교수 및 박사들의 지도하에 이루어지는 프로그램입니다. 학생들은 팀을 이루어 직접 대학교에 자신들의 연구 계획을 의뢰하여 진행할 수 있는데, 이 과정에서 탐구 능력을 개발하는 한편 최신 연구 동향을 접하고 익힐 수 있습니다.

김상욱의
과학 공부

#물리학 #과학교육학 #철학

철학하는 과학자로 알려진 부산대학교 물리교육과 김상욱 교수가 전해 주는 인문학적 통찰을 담은 과학 이야기입니다.

이 책은 총 4장으로 구성되어 있으며, 제1장에서는 '과학으로 낯설게 하기'란 제목으로 세상은 어떻게 생겨났는가?, 스마트폰과 빅뱅, 기계들의 미래, 미분의 철학 등 다양한 주제를 다루고 있습니다. 제2장에서는 '대한민국 방정식'이라는 제목으로 과학적 해석을 통해 현재 우리 사회의 현상을 바라보고 있습니다. 제3장에서는 '나는 과학자다'라는 제목으로 양자역학과 시간의 본질에 대해 깊이 있게 다가서고 있습니다. 마지막 제4장에서는 '물리의 인문학'이라는 제목으로 상상력의 중요성, 카오스의 아름다움, 자유의지의 물리학 등의 주제를 과학과 인문학의 융합으로 다루고 있습니다.

이 책을 추천하는 이유

인문학 및 사회학에서 다룰 만한 문제들을 물리학의 관점에서 해석한 독특한 성격의 책입니다. 주관적 해석의 여지가 충분한 이슈들을 과학적인 사고방식에 따라 해설함으로써 객관성을 견지한 느낌을 주지요.

이 책의 저자인 김상욱 교수는 그동안 과학의 궁극에 인문학이 있다는 사실을 강조해 왔습니다. 분명히 과학자가 쓴 책이지만 절반은 인문학 책 같기도 하다는 것이 이 책이 지닌 큰 매력입니다.

인간과 세계에 대한 담론은 20세기 중반까지 철학과 문학을 중심으로, 20세기 후반에는 사회 과학을 중심으로 펼쳐졌습니다. 저자는 이제 과학이 인간 사회를 탐구하는 가장 유의미한 틀이 될 것이라고 강조합니다. 과학과 인문, 양면의 통찰을 쉽고도 진지하게 담고 있어 추천합니다.

이기적
유전자

#생명과학 #유전공학 #철학

세계적인 과학자이자 저술가인 리처드 도킨스의 대표작이며, 과학계의 고전입니다. 기존의 진화론을 유전자 단위의 새로운 틀로 바라보도록 만든 책으로, 인간을 포함한 모든 생명체는 유전자에 의해 창조된 '생존 기계'라고 주장하여 큰 파장을 몰고 왔습니다.

책은 총 13장으로 구성되어 있습니다. 1장에서는 사람은 왜 존재하는가?, 2장에서는 자기 복제자, 3장에서는 불멸의 코일, 4장에서는 유전자 기계, 5장에서는 공격-안정성과 이기적 기계, 6장에서는 유전자의 행동 방식, 7장에서는 가족계획, 8장에서는 세대 간의 전쟁, 9장에서는 암수의 전쟁, 10장에서는 집단 형성이 주는 이익과 협력의 진화, 11장에서는 밈Meme이라는 개념, 12장에서는 죄수의 딜레마, 13장에서는 유전자에 대해 설명하고 있습니다.

이 책을 추천하는 이유

과학에 관심이 있는 학생들이라면 이 책의 제목을 한 번쯤은 들어 봤을 것입니다. 진화론의 새로운 패러다임을 연 것으로 평가받는 이 책은 세종과학고 학생들이 도서관에서 가장 많이 빌려 읽는 책 중 하나입니다. 독서 토론 활동에도 매 학기 선정되고 있지요.

이 책의 저자는 "인간을 비롯한 모든 생명체의 존재 이유는 자신의 유전자를 지키는 것이며, 이들의 모든 행동은 결국 자신의 유전자를 보호하려는 선택의 연속"이라고 단언합니다. 이러한 단정적인 가설은 과학을 연구하는 사람의 입장에서 지지하거나 부정하고 싶은 욕구에 빠져들게 하지요. 어쩌면 이런 이유에서 〈이기적 유전자〉가 뜨거운 토론의 중심에 서 있는 것이 아닌가 싶습니다. 이 책을 통해 인간과 생태계 전반을 바라보는 시선이 큰 폭으로 확장될 수 있기를 기대합니다.

멋진
신세계

#영어영문학 #인류학 #철학

영국 출신의 소설가 올더스 헉슬리의 대표작으로 과학이 고도로 발달한 사회의 미래 문명 세계를 그린 소설입니다. 1932년에 발표된 이 작품은 미래를 가장 깊이 있고 날카롭게 파헤친 작품 중 하나로 평가받고 있습니다.

가족이라는 유대도 사라지고, 죽음까지도 익숙해지도록 훈련을 받는 세상에서 사람들은 스스로의 존엄성과 생각할 자유마저 빼앗깁니다. 또한 사람들은 태어날 때부터 다섯 계급으로 나뉘어지고, 맞춤형으로 대량 생산됩니다. 그러던 어느 날, 신세계와 격리된 원시 지역에 살고 있던 야만인 존이 우연히 이곳에 초대받는데 그는 처음

보는 과학 문명과 모든 것이 완벽하게 설계된 세계에 감탄하지만, 점차 통제받으며 조작된 행복에 길들여진 사람들을 보며 문명에 절망하여 다시 원시 지역으로 떠납니다. 헉슬리는 이 작품에서 유토피아 세계와 원시 세계를 비교함으로써, 우리의 현재와 미래상을 함께 보여 줍니다.

이 책을 추천하는 이유

1932년에 출간된 예언적 소설 〈멋진 신세계〉는 과학 분야, 특히 미래 문명 비판 문학의 유명한 고전입니다. 600년 뒤를 예견하고 쓴 소설이지만 과학 기술의 발전이 인간을 소외시키는 고질적인 병폐를 예리하게 짚어내고 있지요.

저자는 과학 기술이 삶과 죽음이라는 원초적 요소조차 통제하는 미래 세상을 소설에 그려 냈습니다. 그러나 소설 속 세계는 이미 우리 눈앞에 펼쳐지고 있는 듯합니다. 줄기 세포 연구와 유전자 편집 기술이 이미 놀라운 수준으로 발전해 있으며, 인간 수명 연장과 맞춤 아기 생산도 곧 실현 가능해 보이니까요. 인간의 상상을 전부 현실로 바꿔 주는 과학의 놀라운 힘은 우리에게 축복일까요? 이 책을 읽으며 우리 앞에 펼쳐질 멋진 신세계에 대해 고민해 보길 권합니다.

진실을
배반한
과학자들

#과학교육학 #윤리교육학 #신문방송학

〈사이언스〉와 〈뉴 사이언티스트〉에 기재됐던 기사를 담아 엮은 것으로, 과학계에서 벌어졌던 여러 가지 거짓 사례와 사건들의 전모를 밝히고 있는 책입니다. 특히 출세에 눈이 어두워져 거짓 결과를 발표한 사례들을 보여 주면서 과학계의 치명적인 약점을 드러냅니다. 동시에 기만행위를 방지하는 길을 말하면서 현대 과학이 올바른 길로 갈 수 있도록 방향을 제시하고 있습니다.

이 책은 총 12장으로 되어 있고 1장 잘못된 이상, 2장 역사 속의 기만행위 사례들, 3장 출세주의자들의 득세, 4장 재연의 한계, 5장 엘리트 파워, 6장 자기기만과 우매함, 7장 논리의 신화, 8장 지도교수와 제자, 9장 엄격한 심사의 면제, 10장 압력에 의한 후퇴, 11장 객관성의 실패, 12장 기만행위와 과학의 구조 등으로 구성되어 있습니다.

이 책을 추천하는 이유

'실험과 증명을 바탕으로 한 과학적 진실은 언제나 믿을 만한가?' 이 질문에 대해 저자는 과학도 결국은 사람에 의해 이루어지는 활동이므로 온전한 진실을 보장할 수 없다고 주장합니다. 과학적 진실이 사람들 사이의 역학 관계와 이해관계, 정치적 결정의 영향을 받을 수밖에 없다는 지적이죠.

이 책은 이와 관련된 과학사의 어두운 에피소드들을 다양하게 전합니다. 이를 통해 과학자들은 자신의 연구 결과가 훼손되거나 왜곡되는 것을 경계하고 바른 길을 걸어야 한다고 주장합니다. 과학도를 꿈꾸는 학생들 역시 '나는 언제나 중립적이고 공정한 자세로 과학에 임할 것인가?'라는 질문을 스스로에게 끊임없이 던져 보길 바랍니다.

모든 사람을
위한 빅뱅
우주론 강의

#천체물리학 #물리학 #과학교육학

이 책은 이석영 교수가 옥스퍼드 대학교와 연세 대학교에서 교수로 재직하며 학생들에게 강의한 내용을 담은 것입니다. 빅뱅 우주론이라는 어려운 이론을 쉽게 설명하여 현재 우주론의 핵심과 최신 이슈에 최대한 접근하게 만들어 줍니다.

총 18강으로 구성되어 있으며 그 안에는 당신의 우주는 얼마나 큰가요?, 무게 있는 아름다움, 우주는 왜 한 점으로 수축하지 않을까?, 우주의 나이가 38만 년이 되기까지, 태초의 3분, 우주의 운명, 급팽창, 우주 배경 복사, 암흑 물질, 은하, 하나의 별이 탄생해 사라지기까지 등의 내용을 담고 있습니다.

저자는 책을 통해 21세기는 천문학의 시대가 될 것임을 이야기하면서 학생들이 천체물리학에 관심을 가지도록 격려하고 있습니다.

이 책을 추천하는 이유

NASA 연구원이자 옥스퍼드 대학교의 교수인 저자가 6년간 강의한 우주론의 내용을 정리한 책입니다. 생생한 현장감과 학생들의 눈높이를 고려한 용어 선정, 적절한 비유와 구어체의 활용이 돋보이죠. 이 책 역시 세종과학고 학생들이 지난 한 학기 동안 도서관에서 가장 많이 빌려 본 책 중 하나입니다.

빅뱅 우주론의 탄생 배경과 이와 관련된 모순을 해결하려는 과학자들의 노력, 우주와 은하, 별의 진화에 관한 풍부한 지식이 강연이라는 현장감 넘치는 상황을 바탕으로 펼쳐져 있어 흥미를 더합니다.

2018년부터 적용되는 새 교육과정에 따른 통합 과학 교과의 이해에 있어 빅뱅 우주론은 필수이므로 중·고등학생들에게 권장하며, 특히 우주에 관한 호기심이 많은 친구들이라면 꼭 읽어야 할 책으로 추천합니다.

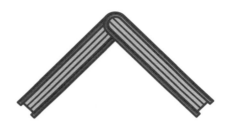

수지고등학교
추천 도서

수지고는 매년 40권의 필독서를 선정하고, '독서 집
중 기간'을 마련하여 전교생의 독서를 장려하고 있습
니다.

수지고는 경기도 용인시 수지구에 있는 공립 고등학교로 1995년에 개교하였습니다. 원래 용인시는 비평준화 지역으로 수지고는 해당 지역 중학생들이 선택하는 전통적인 명문고로 꼽혔으나, 2015학년도부터 실시되는 고교 평준화로 타격을 입을 것으로 예상되었습니다. 그런데 수지고는 여전히 높은 대입 실적으로 주목받으며, 평준화에 따른 우려를 말끔히 해소시키고 있습니다.

수지고는 2010년부터 '과학중점학교'로 운영되고 있습니다. 수학·과학 교과의 자율성을 확대하여 실험·실습 위주의 비교과 활동이 왕성하게 이루어지고 있지요. 수지고는 매년 40권의 권장 도서를 선정하는데, 해당 도서의 작가들 중 한 명을 학교로 초청해 인문학 특강을 열기도 합니다. 한편 1학기 기말고사가 끝나면 전교생이 마음껏 책을 읽는 '독서 집중 기간'도 이어집니다. 이 기간에 수지고 학생들은 수업 시간 및 자율 학습 시간을 활용해 독서 삼매경에 빠지죠.

난장이가
쏘아 올린
작은 공

#국어국문학 #사회학 #역사학

작가 조세희의 대표 작품으로 우리 문단 사상 가장 오래도록 팔린 스테디셀러로 꼽힙니다.

서울특별시 낙원구 행복동에 사는 난장이 가족에게 철거 경고장이 날아오지만 아파트에 입주할 돈이 없어서 결국 가족들은 입주권을 헐값에 팔고 떠나게 됩니다. 설상가상으로 난장이의 아들들이 공장 사장을 만나 담판을 하려다가 해고까지 당합니다.

이 책은 어렵고 힘든 난장이 가족의 삶을 통해 도시빈민과 노동자 등 소외된 민중들의 애환과 1970년대 산업사회로 접어든 우리 사회의 모습을 보여 줍니다.

이 책을 추천하는 이유

열두 편으로 이루어진 연작 소설로, 각각의 단편은 독립적이면서도 인물, 사건, 배경 등이 서로 연관되어 있어 큰 흐름을 이룹니다. 일반적으로 「난장이가 쏘아 올린 작은 공(이하 난쏘공)」이라는 단편 하나만 접하는 경우가 많은데, 이 책을 통해 나머지 11편을 감상하고 연관 요소들을 찾다 보면 큰 재미를 느끼게 될 것입니다.

이 책은 군사 정권 시절에 금서로 지정되었습니다. 2013년에 상영된 영화 〈변호인〉에서도 억울하게 감금된 대학 독서 동아리 회원들이 읽은 도서의 하나로 비춰진 바 있지요. 그만큼 〈난쏘공〉에는 시대 문제의 핵심이 담겨 있습니다. 작가는 "사람이 태어나서 누구나 한번 피 마르게 아파서 소리 지르는 때가 있는데, 그 진실한 절규를 모은 게 역사요, 그 자신이 너무 아파서 지른 간절하고 피맺힌 절규가 〈난쏘공〉이었다."라고 말하였습니다. 이 책은 1970년대 눈부신 산업 발전의 이면에 소외된 도시 빈민층의 이야기입니다. '난장이 가족들'과 그와 반대되는 사람들, 즉 가진 자와 고용인으로 대표되는 이들의 갈등과 대립이 주된 내용이지요. 빈부에 따라 나뉜 여러 계층들의 삶과 번민을 냉소적으로 그린 이 작품을 읽다 보면 사회 문제를 진지하게 고민해 볼 수 있습니다.

삐뚤빼뚤
가도
좋아

#심리학 #교육학 #자기계발

     심리학자이자 작가인 이남석의 작품으로, 주인공 수정이와 규식이가 겪는 여러 사건들을 통해 자연스럽게 심리학을 이해하고, 자신의 길을 행복하게 갈 수 있는 방법들을 생각할 수 있는 책입니다.

     총 7장의 소설 형식으로 구성하여 심리학에 대한 내용뿐 아니라 읽는 독자들이 자신의 어려움을 극복하고 도전할 수 있도록 이야기를 전개하고 있습니다. 도전의 동기와 출발, 무엇을 해야 후회하지 않을지, 정보, 긍정, 태도, 용기 등에 대한 내용을 다루고 있지요. 이 책은 다른 사람과 비교하면서 개인적인 성공을 위해 일을 도모하는 것과 자신에게 행복을 주고 의미가 있는 것에 다가가는 일은 큰 차이가 있다는 점을 말해 줍니다. 또한 실패해도 다시 일어나 삐뚤빼뚤 가며 성장하는 과정의 소중함을 보여 줍니다.

이 책을 추천하는 이유

'십 대를 위한 도전과 용기의 심리학'이라는 부제에서 알 수 있듯이, 성공을 바라는 십 대들에게 도전 의욕을 불어넣어 주는 책입니다. 작가는 7편의 일화를 통해 청년 시절에 시행착오를 겪는 것은 당연하며, 그러한 실패의 경험이 오히려 자아를 성장시키는 밑거름이 됨을 알려 줍니다. 이를 통해 불안과 두려움을 넘어 오늘을 위해 무엇을 할 수 있는지 깨닫게 하지요.

작가의 말처럼 성공해서 얻을 수 있는 무언가에만 집중하기보다 실패해도 얻을 수 있는 무언가에 가치를 두면 도전은 의외로 간단해집니다. 작가는 청소년기의 시행착오는 아무리 많아도 문제될 것이 없지만, 다만 그것을 통해 교훈을 얻지 못하는 것은 큰 문제라고 강조합니다. 이 책은 학생들이 진로 관련 체험 활동이나 동아리 활동에 참여하면서 스스로를 격려하거나 성찰할 때 읽어도 많은 도움이 됩니다.

오주석의
한국의
美 특강

#미술학 #역사학 #교육학

이 책은 우리 미술의 아름다움을 알리기 위해 전국에서 강연을 펼쳤던 미술사학자 오주석 교수가 우리 옛 그림을 안내한 내용을 담은 책입니다.

크게 세 부분의 이야기로 구성되어 있는데, 첫째 이야기에서는 옛 그림 감상의 두 가지 원칙을 설명하면서 옛 사람의 눈으로 보고, 옛 사람의 마음으로 느낄 수 있도록 해 줍니다. 둘째 이야기에서는 자연의 음양오행에 기초한 옛 선인들의 우주관과 인생관을 살펴볼 수 있습니다. 마지막으로 셋째 이야기는 옛 그림으로 살펴본 조선의 역사와 문화를 통해 아름답고 진실한 조선의 마음을 이해할 수 있습니다. 우리의 소중한 전통 문화로부터 그 바탕에 깔린 인간 정신, 미학까지 깊이 생각해 볼 수 있는 책입니다.

이 책을 추천하는 이유

이 책의 저자는 대학에서 동양사학과 고고미술사학을 전공하고, 문화부 기자, 박물관의 학예 연구원 등으로 활동하다 교수로 재직하는 등 이력이 다채롭습니다. 이 책에는 대한민국 국민이라면 꼭 알고 있어야 할 예술사적 업적이 친절하고 깊이 있게 소개되어 있어 전통 문화를 이해하는 데 도움이 됩니다.

저자는 강연의 시작에서 이런 이야기를 합니다. "세상을 살다 보면 가장 중요하고 꼭 필요한 내용들이 정작 책에는 담겨 있지 않다고 새삼 깨닫게 될 때가 많습니다." 이러한 고민이 반영된 결과물답게 그의 책에는 그동안 여러 책에 소개되었지만, 사람들이 참된 가치를 느끼지 못한 한국 전통 예술 작품들의 아름다움이 잘 녹아 있습니다. 책을 읽다 보면 우리의 전통 예술 작품이 갖는 격조와 아름다움에 마음을 기울이게 되지요. 이것은 저자가 독자들로 하여금 그림을 단순히 보는 데 그치지 않고 그림을 읽고 그 속의 작가와 대화하도록 가르쳐 주기 때문입니다.

관통
한국사

#역사학 #교육학 #인류학

　　청소년을 대상으로 다양한 역사 교육을 해온 저자 구완회는 이 책을 통해 역사를 이해하는 기본 방법을 알려 주고 있습니다. 저자는 나라마다 정책이 다르고 각 시대의 생활이 달라도 모든 역사에는 공통 요소가 있다고 말합니다. 이에 따라 '시대 구분, 지배층, 피지배층, 기술력과 생산력, 토지와 조세, 사회와 문화, 종교, 대외 관계, 전쟁, 인물' 등 10가지 요소를 역사를 관통하는 기본 뼈대로 선정하고 있습니다.

　　수천 년의 역사를 모두 외우지 않아도 이 책에서 제시한 10가지의 틀을 이해하면 긴 역사 속에서 반복되는 공통점을 파악할 수 있습니다. 자연스럽게 단군부터 현대까지 한국사를 관통할 수 있게 만들어 주는 책입니다. 또한 반드시 알아야 할 내용들을 표로 정리해 놓아 한국사의 이해를 도와주고 있습니다.

이 책을 추천하는 이유

이 책은 역사를 구성하는 기본 틀을 통해 복잡한 한국사를 쉽게 이해할 수 있도록 기획되었습니다. 저자가 제시한 10가지의 기본 틀에 살을 붙이고 각 요소들을 이해하면 긴 역사 속에서 반복되는 대목들을 파악할 수 있을 것입니다.

책에서 저자는 역사를 잘 이해하는 사람들의 공통점을 소개합니다. 그 공통점은 다음과 같습니다. '역사를 이해할 때 기본이 되는 뼈대를 갖고 있다. 수많은 역사적 사실들을 성격에 따라 분류할 수 있다.' 저자는 이 같은 비결이 결국 '관계'와 '흐름'의 차원에서 사건을 일관되게 이해하기 때문이라고 설명합니다. 이렇게 역사를 이해하면 단순히 교과서를 암기하여 역사를 알아가는 것과는 다르게 역사를 큰 흐름에서 볼 수 있고, 또 쉽게 잊지 않는다고 주장합니다. 한국사 공부가 버겁게 느껴지는 학생들에게 꼭 추천해 주고 싶은 책입니다.

숙명여자고등학교
추천 도서

숙명여고는 독서 교육을 특히 강조하여 다양한 책 읽기 프로그램을 운영하고 있는데, 그중 가장 인기 있는 것이 '독서 멘토링'입니다.

1906년, '교육의 힘으로 국권을 회복한다'는 애국 계몽 운동의 일환으로 설립된 숙명여고는 서울 강남에 위치한 고등학교들 중에서 '여학생들이 가장 가고 싶어 하는 곳' 중 한 곳으로 꼽힙니다. 여기에는 높은 교육열과 우수한 면학 분위기뿐만 아니라 전통의 명문 여고라는 평판도 작용하고 있습니다. 숙명여고는 학생들의 진로 · 진학 문제를 상담할 때 교사, 학생, 학부모가 함께 삼자 면담을 실시합니다. 그만큼 학부모들도 학교 및 교사들에 대한 신뢰도가 매우 높다고 합니다.

숙명여고는 4만여 권의 장서를 보유하고 있으며, 교사 회원들로 이루어진 독서 동호회에서는 매년 추천 도서를 선정하여 독서가 막막한 학생들에게 길잡이를 제공하고 있습니다. 또한 학생들이 직접 계획하고 주도하는 독서 토론 수업을 주1회 실시하고 있으며, 이외에도 학생들의 역량 강화를 위한 창의논술대회, 자유탐구대회 및 인성 교육을 위한 마음의 향기, 또래상담 등의 프로그램을 운영하고 있습니다.

28자로 이룬
문자 혁명
훈민정음

#국어국문학 #국어교육학 #역사학

      훈민정음 연구의 한길을 걸어온 저자 김슬옹은 이 책을 통해 훈민정음의 창제 배경, 창제 과정, 창제 주체, 그리고 이후 훈민정음이 어떤 과정을 거쳐 더욱 발전하게 되었는지 자세히 알려 주고 있습니다. 특히 훈민정음이 컴퓨터, 휴대 전화 등에 사용하기에도 효과적인 문자라는 것을 말하면서 훈민정음이 얼마나 미래에 어울리는 글자인지 이야기하고 있습니다. 또한 풍부한 시각자료와 정리된 표들을 바탕으로, 훈민정음 창제가 과학적이고 논리적인 작업이었음을 보여 주고 있습니다.

      총 5장으로 구성되어 있으며 1장에서는 문자 혁명에 대해, 2장에서는 훈민정음 창제 목표 달성의 배경, 3장에서는 훈민정음 창제와 완성을 도운 사람들, 4장에서는 훈민정음을 만든 원리와 풀이, 5장에서는 훈민정음의 보급과 발전에 대해 설명하고 있습니다.

이 책을 추천하는 이유

서양 유수의 학자들은 한글의 가치를 높이 평가하는데, 정작 그 언어를 사용하는 우리는 이를 얼마나 알고 있을까요? 〈훈민정음〉은 조선 세종 28년[1446]에 훈민정음 28자를 세상에 반포할 때에 찍어 낸 판각 원본으로, 1997년에 유네스코 세계 기록 유산으로 지정되었습니다.

저자는 훈민정음을 연구하면서 얻은 지식을 이 책에 알기 쉽게 풀어 놓았습니다. 그 덕분에 책장을 펼치면 한 나라의 임금이자 언어 학자, 과학자인 세종 대왕이 생생히 걸어 나오는 느낌이 듭니다. 또한 훈민정음에 대해 그동안 반복적으로 제기된 여러 오해 및 의문에 충실하게 답해 주고 있습니다. 이를 통해 한글의 과학성과 실용성을 구체적으로 이해하는 한편, 글자가 인간의 삶에 얼마나 지대한 역할을 하는지 새삼 느낄 수 있습니다. 이 책은 고등학교 국어 교과서에 나오는 '우리글의 역사'를 공부할 때도 실질적인 도움이 됩니다.

그 많던 싱아는 누가 다 먹었을까

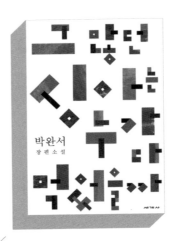

#국어국문학 #문예창작학 #역사학

작가 박완서의 작품으로 작가 자신과 그 가족의 이야기가 담긴 자전적 소설입니다.

소설에서 주인공인 '나'는 교육열이 높은 엄마의 손에 이끌려 서울로 올라오게 됩니다. 처음 서울에 올라온 주인공은 서울의 삭막한 풍경에 실망을 하게 되지요. 이후 주인공은 책 읽기에 몰두하고, 1950년 서울대 국문과에 입학하였으나 6·25의 발발로 학교를 그만두게 됩니다. 한때 좌익에 가담하였다가 의용군으로 떠나버린 오빠 때문에 주인공은 이리저리 불려다니며 고초를 겪고, 그 이후에 힘든 생활이 시작됩니다. 격변의 시대를 지낸 작가의 유년 시절 기억을 통해 그 시절을 가늠해 보고, 일제 말기와 해방을 거쳐 6·25 전쟁에 이르는 한국 현대사의 굴곡들을 고스란히 엿볼 수 있습니다.

이 책을 추천하는 이유

고故 박완서1931~2011는 한국을 대표하는 작가이자 숙명여고가 낳은 자랑스러운 동문입니다. 그녀는 숙명여고 스승인 소설가 박노갑1905~1951에게서 문학적인 영향을 받았고, 이후 인고의 세월을 거쳐 40대에 등단해 200편에 가까운 작품들을 남겼습니다.

박완서 작가의 작품은 숙명여고 추천 도서 목록에 해마다 빠지지 않고 등장하는데, 그 이유는 그녀가 모교 출신의 작가이기 때문도 그녀의 작품이 교과서나 수능에 자주 나오기 때문도 아닙니다. 박완서의 소설이 우리나라의 역사와 정서를 담백하고 친근한 문체로 잘 담아내, 그만큼 문학성이 뛰어나다고 평가하기 때문이지요. 일제 강점기부터 21세기 초반에 이르기까지, 시대별 서민들의 삶의 면면을 그녀는 마치 우리들의 엄마나 할머니가 옛이야기를 들려주듯 작품에 풀어냅니다. 〈그 많던 싱아는 누가 다 먹었을까〉는 작가의 유년기와 청소년기의 성장 과정(고민, 아픔, 고난의 극복 과정)이 생생하게 기록되어 있어, 중·고등학생들이라면 누구나 쉽게 공감할 수 있을 것입니다.

쏭내관의
재미있는
궁궐 기행

#역사학 #건축학 #국어국문학

조선왕조 500년 역사 동안 국가를 운영하는 가장 중요한 공간이었던 궁궐들은 새로 지어지고 때로는 불에 타 없어지고 강제로 헐리면서 현재 경복궁, 창덕궁, 창경궁, 경운궁, 경희궁 등 다섯 궁궐이 남아 있습니다. 저자는 남아 있는 다섯 궁궐을 통해 학생들에게 왕실의 역사와 궁궐의 문화적 가치를 이야기하고 있습니다.

책은 총 6부로 구성되어 있으며 1부에서는 궁궐의 뜻, 궁궐의 구조, 궁궐 건축 기술 등에 대해 소개합니다. 2부에서는 각 궁궐의 대문과 금천을, 3부에서는 외전 영역, 4부에서는 내전 영역, 5부에서는 후원 영역을 궁궐의 기능적 설명과 함께 역사적 사실까지 엮어 전해 주고 있습니다. 마지막 6부에서는 궁궐 답사에 대해 사진과 함께 자세한 안내가 되어 있습니다.

이 책을 추천하는 이유

중학생들이 역사와 친해질 수 있는 좋은 방법은 당시의 생활상을 보여 주는 책을 통해 생생하게 머릿속에 그려 보는 것이 아닐까요?

이 책은 조선의 5대 궁궐(경복궁, 창덕궁, 창경궁, 경운궁, 경희궁)에 대한 기본 지식을 비롯해 구역별 궁궐의 기능과 역사를 상세히 담은 궁궐 입문서입니다. 우리 선조들은 돌덩이 하나, 기왓장 하나도 허투루 놓는 법이 없을 정도로, 궁궐 안의 모든 것에 지혜와 민족 고유의 아름다움을 반영하였습니다. 궁궐 생활에 잔뼈가 굵은 송 내관(내시)이 책에서 이를 세심하게 안내하고 있어, 독자들은 마치 궁궐을 산책하는 느낌을 받을 수 있습니다. 마지막에는 궁궐 역시 '사람'이 살았던 현장임을 깨닫게 됩니다.

저자는 책에서 "역사는 과거를 돌아보는 문이며 미래를 내다보는 창이다. 그리고 그 역사는 궁궐에 고스란히 묻어 있다."라고 말합니다. 궁궐 곳곳에 서린 우리 역사의 희로애락을 간접 체험하면서, 역사를 가슴으로 느끼는 경험을 하면 좋겠습니다.

10대를 위한 생각하는 헌법

#법학 #정치학 #사회학

　　　　　헌법은 국민 한 사람 한 사람이 인간다운 삶을 살 수 있게 하는 국가의 최고법이지만 어쩐지 우리 삶과는 너무 멀게만 느껴집니다. 이 책은 헌법을 청소년의 눈높이에 맞게 일상 속으로 끌어내서 이해하고, 생각하고, 질문하고, 토론할 수 있도록 이야기를 풀어 가고 있습니다.

　　총 8장으로 구성되어 있는데 1장은 헌법의 기본 원리, 2장은 기본권 이론, 3장은 기본권 사례, 4장은 국회, 5장은 정부, 6장은 법원, 7장은 헌법 재판소, 8장은 헌법의 개정에 대해 자세히 다루고 있습니다. 그리고 각 장이 넘어갈 때마다 청소년을 위한 헌법능력평가 코너를 두어 책의 내용을 다시 한 번 이해하고 확인하도록 해줍니다. 우리 삶에서 헌법이 얼마나 중요한 역할을 하고 있는지 깨닫고, 우리가 민주주의의 진정한 주체로 살아갈 수 있도록 만들어 주는 책입니다.

이 책을 추천하는 이유

헌법이라는 소재를 통해 학생들이 민주주의의 역사와 기본 개념을 쉽게 이해할 수 있도록 한 책입니다. 저자는 먼저 권력 분립, 기본권, 평등권 등 헌법에 들어 있는 기초 개념들의 형성 배경과 내용을 구체적 사례를 통해 설명합니다. 이를 통해 헌법의 정신(민주주의)을 잘 이해할 수 있도록 이끌어 주지요. 독자들은 이렇게 습득한 개념들을 가지고 '양심적 병역 거부, 제대 군인 가산점 제도, 표현의 자유' 등 다양한 사회 문제에 대해 새로운 관점을 가질 수 있습니다.

이 책은 또한 민주주의를 구현하는 제도인 국회, 행정부, 법원, 헌법 재판소의 역할을 상세히 소개합니다. 그리고 우리가 정치에 무관심하고 성숙한 토론을 할 수 없다면 이런 제도들이 제 기능을 하지 못하고 권력의 무기로 악용될 수 있다는 사실을 깊은 성찰을 통해 보여 줍니다. 정답을 주기보다는 문제 상황을 제시하고 무엇이 헌법의 정신에 부합하는지, 학생 스스로 깨닫게 한다는 점에서 이 책은 논리적 사고 훈련에도 좋은 교재가 될 수 있습니다.

오늘의
지구를
말씀
드리겠습니다

#지구과학 #환경학 #생태학

이 책은 15년 넘게 과학의 사회적 영향과 책임에 관련된 수업 자료를 개발해서 학교 현장에 보급해 온 저자가 오늘의 지구가 겪는 기후 변화 문제들을 모아 과학적으로 설명한 책입니다. 기후 변화를 중심으로 기상 현상, 생태계의 변화, 전쟁, 기아 등의 다양한 현상을 살펴보고 그 원인을 쉽고 친절하게 알려줍니다.

총 9장으로 구성되어 있으며 1장은 기후 변화와 늘어나는 사막, 2장은 바다의 온도 상승과 슈퍼 태풍의 탄생, 3장은 탄소 순환과 바다, 4장은 온실가스와 해수면 상승, 5장은 지구의 열 균형 펌프장인 극지방, 6장은 가난과 전쟁, 기후 변화가 일으킨 도미노, 7장은 생물종 다양성 문제, 8장은 피크오일과 에너지 문제, 9장은 기후 변화 회의와 지속 가능한 적정 기술에 대한 내용이 실려 있습니다. 풍부한 과학 자료와 지식을 바탕으로 지구 곳곳에서 일어나는 환경 문제들을 알아볼 수 있는 책입니다.

이 책을 추천하는 이유

현직 과학 선생님이 쓴 '과학으로 읽는 지구 환경 설명서'입니다. 이 책은 출간 직후부터 독서 관련 기관들이 선정하는 청소년 과학 권장 도서에 꾸준히 이름을 올리고 있습니다. 저자는 지구 곳곳에서 지구 온난화로 발생하는 이상 기후의 사례들을 이야기를 곁들여 조목조목 짚어 줍니다.

올여름, 여러분도 지구 온난화를 피부로 느꼈을텐데, 이것은 겨울이 더 추워지는 현상과 밀접한 관련을 맺고 있다고 합니다. 저자는 자연과 사람 사이의 역학 관계를 풍부한 과학 자료와 감수성으로 풀어냅니다. 그 덕분에 독자는 지구가 하나의 유기체라는 것을 새삼 느끼게 되죠. 지구 온난화는 각국의 경제 문제와도 결부되어 있어 이를 둘러싼 찬반 논쟁이 뜨겁습니다. 하지만 인류가 법을 제정해 환경을 보존해야 하는 이유는 점점 절실해지고 있습니다. 지구의 아픔을 공유하고 싶은 친구들에게 추천합니다.

자기소개서에 기록하는 독서활동

자기소개서는 크게 3~4가지 문항을 물어보고 있는데, 1~3번 항목은 공통 항목이고 4번 문항은 각 대학마다 차이가 있습니다. 물론 4번 문항이 없는 곳도 있습니다. 서울대학교는 4번 항목에서 독서활동을 직접적으로 기재하도록 물어보고 있습니다.

서울대학교 자기소개서 4번 문항

4. 고등학교 재학 기간 또는 최근 3년간 읽었던 책 중 자신에게 가장 큰 영향을 준 책을 3권 이내로 선정하고 그 이유를 기술하여 주십시오.

▶ '선정 이유'는 각 도서별로 띄어쓰기를 포함하여 500자 이내로 작성

▶ '선정 이유'는 단순한 내용 요약이나 감상이 아니라 읽게 된 계기, 책에 대한 평가, 자신에게 준 영향을 중심으로 기술

선정 도서		선정 이유
도서명		
저자/역자		
출판사		
도서명		
저자/역자		
출판사		
도서명		
저자/역자		
출판사		

서울대학교 자기소개서 항목은 학생들에게 독서 활동이 얼마나 중요하고 어떻게 책을 읽어야 하는지 잘 보여 주고 있습니다. 이를 통해 우리는 독서활동에서 중요한 3가지 중요한 질문을 던질 수 있고, 이 질문에 답할 수 있을 것입니다.

Q1 ▶▶ 어떤 책을 읽어야 할까요?

A1 자기소개서에서는 '몇 권의 책을 읽었습니까?'라고 물어보지 않고 자신에게 가장 영향을 미친 책을 3권 정도 물어보고 있습니다. 이를 통해 많은 책을 읽는 것도 중요하지만, 내가 전공할 분야에서 의미 있는 책을 깊이 있게 읽는 것도 중요하다는 것을 알 수 있습니다.

Q2 ▶▶ 어떻게 읽어야 할까요?

A2 책을 읽게 된 계기, 책에 대한 평가, 자신에게 준 영향을 중심으로 기술하라고 하는 것은 책의 내용보다는 현재 나에게 어떤 영향을 주고 있는지 생각하고, 그 생각을 표현하는 것이 중요하다는 것입니다. 또한 그 책을 읽기까지 영향을 준 책이나 사건을 생각해 보고, 지금 이 책을 읽고 난 후에 어떤 책으로 연결되는지까지 생각해 보면 좋을 것입니다.

Q3 ▶▶ 어떻게 기록해야 할까요?

A3 많은 기록보다는 500자 정도로 간결하면서도 효과적으로 기록하는 것이 좋습니다. 가끔 무리하게 독서 포트폴리오를 만드는 학생이 있는데, 그것보다는 독서록을 정리하는 습관이 중요합니다.

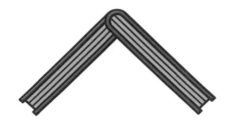

신성고등학교
추천 도서

신성고 교사들은 '책수리'라는 교사 독서 동아리를 결성해 학생들의 독서 역량을 증진시키는 프로그램을 연구하고 있습니다.

신성고는 평준화 지역 일반고에 갖는 편견과 역경을 이겨 내고 훌륭한 교육 프로그램을 운영하는 학교의 본보기로 통하고 있습니다. 또한 교육에 과감한 투자를 하고 있는데, 2004년부터는 기숙사, 골프연습장을 건립하고 수영장, 운동장, 교실을 리모델링하는 등 교육 환경 개선 사업을 실시하여 경기도의 명문고로 거듭났습니다.

신성고는 현재 3가지 교육 사업을 중점적으로 해 나가고 있습니다. 첫째, 예체능 '1인 3기(技)' 프로그램을 운영하여 매주 2시간씩 1학년은 통기타와 수영을 배우고, 2학년은 교내 야외 골프 연습장에서 골프를 배웁니다. 둘째, 학생 주도의 동아리 활동을 적극 지원하고 있습니다. 그 결과 현재 총 130여 개의 정규/자율 동아리가 활발히 활동하고 있지요. 셋째, 맞춤형 독서 프로그램을 운영하고 있습니다. 이에 따라 1학년을 대상으로 매일 아침 20분간 '북 모닝'을 진행하는 한편, 2학년 대상으로는 매주 목요일 7교시 '신성 북 오디세이'를, 재학생 전체를 대상으로는 북 클럽 제도를 실시하고 있습니다.

박사가
사랑한
수식

#수학 #일어일문학 #상담학

일본의 대표적인 여류 작가 오가와 요코의 장편 소설로, 노수학자 '박사'와 '나', 그리고 나의 아들 '루트'가 숫자로 소통하며 아름다운 순간들을 함께하는 내용을 담고 있습니다.

아직 서른도 되지 않았지만 열 살배기 아들이 있는 미혼모인 '나'는 '박사'의 집에 가사도우미로 파견되어 일하게 됩니다. 박사는 교통사고로 기억이 1975년에 멈춰 있고, 새로운 기억은 80분밖에 지속되지 않습니다. 매일 아침 낯선 사람으로 만나 똑같은 질문을 되풀이해도 수에 대한 애정과 서로에 대한 관심으로 셋의 관계는 점차 두터워지고, 1년간 빛나는 추억을 만들어 나갑니다.

'수'라는 특별한 소재로 따뜻한 감동을 전하는 이 책은 인간관계에서의 배려와 소통에 대해서도 생각해 보게 합니다.

이 책을 추천하는 이유

수학은 꽤 심오하고 까다로운 학문입니다. 숫자와 기호로 가득 차 있고 비록 가는 길은 다양해도 결국 도착해야 할 곳은 한 곳뿐입니다. 그런데 막상 고등학교에 진학하면 수학이란 학문의 매력을 탐구할 시간이 부족합니다. 당장 대입 준비와 함께 진도를 나가기에도 빠듯하기 때문이지요.

이 책은 메마른 수식이 전하는 감동의 사랑이야기를 담고 있습니다. 미혼모 가사도우미와 그녀의 어린 아들, 기억 기능에 장애가 있는 노수학자가 등장하는 수학 소설로, 수식數式과 야구라는 독특한 소재를 다루고 있지요. '나'와 '루트'는 수를 통해 세상과 소통하는 박사를 지켜보면서 수의 따뜻함과 삶의 찬란함을 느끼게 됩니다.

이 책을 읽다 보면 수를 사랑하는 것이 삶을 사랑하고 사람을 사랑하는 것에서 멀리 있지 않음을 실감할 수 있습니다. 중학생 수준에서도 재미있게 읽을 수 있고, 수학이란 학문의 매력을 느끼는 데 안성맞춤인 책이어서 추천합니다.

더 큰 나를
위해
나를 버리다

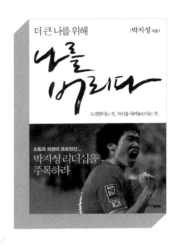

#자기계발 #체육학 #리더십

한국인 최초의 프리미어리거 박지성 선수의 자전적 에세이로, 도전 정신 하나로 한국을 넘어 세계 축구계에 이름을 떨칠 수 있었던 그의 축구 이야기를 들을 수 있습니다.

박지성 선수는 항상 헌신적인 플레이로 감독과 동료 선수는 물론, 팬들까지 박수를 보냈습니다. 선수로서는 평범한 체격에 평발이라는 불리한 신체적 조건을 가졌지만 팀을 위해, 동료를 위해 언제나 빈 공간을 향해 뛰는 '헌신'의 대명사로 통한 그가 어떻게 세계적 선수로 성장할 수 있었는지 전 과정을 볼 수 있습니다.

책에서 그는 천재라 불리는 프로 선수들 사이에서 전혀 다른 방법으로 자신만의 돌파구를 찾았다고 말하고 있는데, 그것은 바로 다른 사람이 가진 장점을 따라하기보다는 자신이 가장 잘 할 수 있는 '유일함'을 찾은 것이었습니다.

이 책을 추천하는 이유

도전한다는 것은 어쩌면 자신을 내려놓는다는 것이 아닐까요? 이 책은 축구 선수 박지성의 자서전으로, 그가 불리한 조건을 극복하고 꿈을 이룬 비결을 담담하게 풀어 놓고 있습니다.

성공하는 사람은 크게 두 부류로 나눌 수 있습니다. 하나는 재능이 뛰어나 큰 노력 없이도 자기 분야에서 두각을 나타낸 경우이고, 다른 하나는 재능은 크지 않지만 열정과 노력으로 성공에 이른 경우이죠. 박지성 선수는 후자에 속하는 인물로 이 땅의 평범한 청소년들에게 희망을 전하는 훌륭한 멘토라고 생각합니다.

축구뿐만 아니라 공부에도 자신의 미래를 위한 '희생'이 수반될 수밖에 없습니다. 슬럼프에 빠지거나 인생의 터닝 포인트가 필요한 학생들이 이 책을 읽고 힘내기 바랍니다.

데미안

#영어영문학 #독어독문학 #교육학

1919년에 발표된 독일의 작가 헤르만 헤세의 대표작으로 전 세계인의 사랑을 받고 있는 작품입니다. 감수성이 풍부한 주인공이 소년기에서 청년기를 거쳐 어른이 되는 과정이 세밀하고 지적인 문장으로 그려져 있지요.

이야기는 20대 중반에 이른 에밀 싱클레어가 자신의 성장 과정을 돌아보며 정리하는 형식으로 구성되어 있습니다. 열 살 무렵의 에밀 싱클레어는 이 세계가 밝은 세계와 어두운 세계로 나누어져 있다는 것을 어렴풋이 느낍니다. 금지된 세계에 강렬한 호기심을 느끼던 소년은 순식간에 크로머를 통해 어둠의 세계에 발을 들여놓습니다.

데미안은 그런 싱클레어를 크로머의 손아귀에서 벗어나게 해주고, 동시에 그동안 그들이 배워온 선과 악의 이분법적인 구분을 전혀 다른 눈으로 바라보는 법을 가르쳐 주고 있습니다.

이 책을 추천하는 이유

〈데미안〉은 오늘날까지 전 세계 젊은이들이 통과 의례처럼 읽고 있는 작품입니다.

따스한 가정, 다정한 부모님 아래서 자라며 '선의 세계'만을 알았던 싱클레어는 친구 데미안을 만나 선과 악의 진실을 하나씩 깨우쳐 나갑니다. 그러면서 자신의 내면을 인식하게 되지요. 그에게 데미안은 단순한 친구가 아닌 또 다른 자신이자, 자신을 성장으로 이끈 조언자입니다. "새는 알을 깨고 나온다. 알은 곧 세계이다. 태어나려고 하는 자는 하나의 세계를 파괴하지 않으면 안된다."라는 이 책의 문장은 무척 유명합니다.

주인공이 자신의 내면을 찾아가는 과정을 바라보면서 여러분도 자신의 삶과 그것을 둘러싼 세상에 대해 깊이 고민해 볼 수 있기를 바랍니다.

정민 선생님이
들려주는
한시 이야기

#국어국문학 #한문교육학 #민속학

옛글 속에 담긴 조상들의 지혜와 아름다움을 우리 시
대의 정서로 보여 주는 책으로, 한양대학교 국문학과 정민 교수가 한
시 및 시문학을 어린이와 청소년들이 이해하기 쉽게 설명해 주고 있
습니다.

저자는 깨끗한 우리말로 정갈하게 번역한 한시 43수와, 이 시들
속에 숨은 뜻을 하나하나 친절하고 재미있게 풀어쓴 글을 담아, 독자
에게 시 읽는 법을 가르쳐 주고 있지요. 풍부한 예화를 곁들여 상황
을 구체적으로 이해할 수 있고, 시인들과 그들이 살았던 사회 문화적
배경도 자세히 담겨 있어 이해를 돕고 있습니다. 또한 이미지, 상징,

비유, 압축 등 시문학 전반에 적용되는 내용들도 포함되어 있어 시문학을 보는 시각도 넓힐 수 있습니다. 별책으로 묶인 부록에는 한시 원문과 한자의 뜻과 음, 어려운 단어 풀이, 인물 정보 등도 꼼꼼하게 실려 있습니다.

이 책을 추천하는 이유

신성고 '독서 3품제'의 필독서 중에서 학생들에게 가장 추천하고 싶은 책입니다.

저자는 한시와 실학자들의 이야기를 일반인의 눈높이에 맞춰 재미있고 유익하게 풀어 쓰는 것으로 유명합니다. 이 작품은 어린이와 청소년을 위한 한시 입문서로, 19가지의 이야기와 43편의 한시를 소개하고 있습니다. 한시 속에 담겨 있는 삶의 지혜와 한국적 가치관을 아빠가 아이에게 들려주듯이 세심하고 다정하게 전하고 있지요.

한시 속에는 사물을 다르게 보는 방법, 돌려서 말하는 은근함, 상상력을 불러일으키는 언어의 공백, 마음을 울리는 여운 등이 녹아 있습니다. 이 책은 시를 감상하는 데 실질적인 도움을 줄 것입니다.

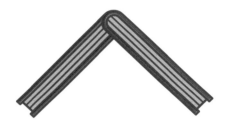

양서고등학교
추천 도서

양서고는 매주 수요일을 독서 활동 시간으로 정해
'독서 계획 수립 → 독서 → 서평 쓰기'를 이어 가고
있습니다.

경기도 양평군에 위치한 양서고는 경기 동북부의 명문고로서, 내신 성적이 상위 5% 안에 드는 경기도 중학생들의 지원이 무척 활발합니다. 양서고는 학교에 마련된 총 7개의 독서실에 RF 카드와 리더기를 이용하여 독서실 출석을 체크하며, 학생 자치위원회가 중심이 되어 자율적으로 무감독 체제를 시범 운영하고 있습니다. 양서고의 또 다른 특징은 수학을 제외한 모든 정규 수업 시간에 판서를 하지 않는다는 것입니다. 양서고 교사들은 수업 일주일 전에 필기 내용을 담은 교재를 미리 만들어 학생들에게 나눠 줍니다. 학생들은 이를 가지고 예습을 함으로써 수업에 보다 의욕적으로 참여하는 한편, 필기 대신 토론을 하죠. 심도 있는 문제 풀이는 보충 수업 시간을 적극 활용합니다.

양서고는 방과후 수업도 주간(17:10~18:30), 야간 (19:30~21:00), 주말 (9:00~21:00, 과목별 시간 상이)로 배정해 선택의 폭을 넓혀 주고 있습니다. 교내에는 스터디 모임을 할 수 있는 공간을 비롯해 인터넷 강좌를 듣는 멀티미디어실이 마련되어 있어 자율 학습에 최적의 여건을 제공합니다.

시민의
교양

#행정학 #경제학 #교육학

　　이 책은 짧은 시간 안에 학생들이 알아야 할 사회 인문학적 사실들을 알게 해 주는 책입니다. 베스트셀러 작가 채사장이 집필하였으며, 이 시대에 자유란 무엇인지, 자본주의 시대에 직업이란 과연 무엇인지, 정말로 중요한 교육의 문제는 무엇인지, 다양하게 부딪히는 사회 문제들의 본질은 무엇인지 이야기합니다.

　　저자는 책에서 "세상의 구조에 대해서 이해하는 능력을 우리는 '교양'이라고 부른다. 그래서 이 책의 제목이 '시민의 교양'이다. 시민의 합리적 선택을 위한 세상의 구조화가 이 책의 목적이다."라고 말하고 있습니다. 이 책은 세상의 주인인 시민들을 위한, 시민이 가져야 할 최소한의 교양을 위한 안내서입니다.

이 책을 추천하는 이유

인문학 지식을 현실적인 문제들에 적용해 해설해 주는 책으로, 작가는 '세금, 국가, 자유, 직업, 교육, 정의, 미래' 등 일곱 가지 주제를 제시한 뒤, 이를 둘러싸고 시장의 자유과 정부의 개입이 벌이는 다툼을 보여 주고 있습니다. 독자들은 이를 바라보면서 우리 사회가 어떤 방향으로 흘러가고 있고, 자신의 결정이 어떠한 결과를 초래할 것인지를 큰 틀에서 고민하게 됩니다.

여러분이 훗날 사회 구성원으로서 제 몫을 다하려면 일찍부터 사회 문제에 관심을 갖고 이를 둘러싼 갈등과 현상, 개념들을 알려고 노력해야 합니다. 바로 그 과정에서 리더십은 물론 인성 교육이 이루어집니다. 여러분이 이 책에 나오는 다양한 일화를 보고 사회 문제에 어떻게 접근하면 좋을지 차분히 생각해 보기를 바랍니다.

인성 교육이란 한 인간을 단지 착한 사람, 항상 남에게 도움을 주는 사람으로 만드는 데 목적을 두고 있지 않습니다. 사회 구성원으로서 갖추어야 할 자격은 그보다 훨씬 복잡합니다. 이 책은 그런 면에서 인성 교육 교재로서도 훌륭하다고 생각합니다.

미움받을
용기

#심리학 #상담학 #자기계발

    이 책은 아들러 심리학 권위자인 일본의 철학자 기시미 이치로와 베스트셀러 작가인 고가 후미타케가 함께 쓴 것으로, 아들러의 심리학을 '대화체'로 아주 쉽게 소개하고 있습니다. 아들러 심리학을 공부한 철학자와 세상에 부정적이고 열등감 많은 청년이 다섯 번의 만남을 통해 '어떻게 행복한 인생을 살 것인가'라는 질문에 답을 찾아가는 여정을 그렸습니다.

    책의 내용은 총 다섯 번의 밤으로 구성되는데 첫 번째 밤에서는 트라우마를 부정하라, 두 번째 밤에서는 모든 고민은 인간관계에서 비롯된다, 세 번째 밤에서는 타인의 과제를 버리라, 네 번째 밤에서는 세계의 중심은 어디에 있는가, 다섯 번째 밤에서는 '지금, 여기'를 진지하게 살아간다 등의 주제를 다루고 있습니다.

이 책을 추천하는 이유

아들러 심리학을 바탕으로 대한민국에 '용기' 열풍을 불러일으킨 책입니다. 이 책은 철학자와 청년이 아들러 심리학을 둘러싼 비판(청년)과 반박(철학자)을 하면서 '어떻게 행복한 인생을 살 것인가?'에 대한 대화를 이어 가는 형식입니다. 그래서 독자는 마치 한 편의 연극을 보는 듯한 느낌으로 편안하고 흥미진진하게 책을 읽을 수 있습니다.

책에서 철학자는 "인간은 변할 수 있고, 누구나 행복해질 수 있다. 단 그러기 위해서는 용기가 필요하다."라고 말합니다. 그리고 그것은 바로 미움받을 용기라고 강조하죠. 남이 나에 대해 어떤 평가를 내리든 마음에 두지 않고, 남이 나를 싫어해도 두려워하지 말며, 인정받지 못한다는 것에 자책하지 말라고 조언합니다. 타인의 칭찬과 인정에 의해 자기 인생의 성패가 좌우된다면 그것은 절대 성공한 인생이 아니라는 것을 설득력 있게 설명해 줍니다. 청소년기는 자아 정체성이 확립되는 한편, 남의 이목에 한창 민감한 시기입니다. 이 책을 읽고 자신과 세계를 바라보는 눈을 키우면 좋겠습니다.

우리
과학기술의
비밀

#역사학 #과학교육학 #인류학

　　　　　이 책은 다양한 사례를 통해 우리 과학기술의 우수성을 자세히 알려 줍니다.

　　책의 내용은 총 5부로 구성되는데, 제1부에서는 고구려 제국을 이룩하는 데 바탕이 된 우리 고대 무기의 우수성을 소개하고 있습니다. 고조선의 철강 제련 기술과 개마무사 등의 이야기가 나옵니다. 제2부에서는 우리 선조가 이룩한 고대 금속 공예품의 우수성을 다루고 있으며, 제3부에서는 고대 최대의 목조 건축물을 건설한 우리 목조기술의 우수성을 밝히고 있습니다. 제4부에서는 동북아시아 거석문화의 기원인 고인돌 문화의 중심지로서 우리의 석조 기술과 석조 문화를 소개하고 있습니다. 제5부에서는 로켓 종주국이 될 수도 있었을 만큼 발전했던 우리의 화학 병기와 로켓을 다루고 있습니다.

이 책을 추천하는 이유

우리 역사 속에서 묵묵히 흐르고 있는 과학기술의 비밀을 파헤친 책입니다. 이 책은 우리 과학기술의 우수성이 우연이 아닌 역사적 필연이라는 점을 보여 줍니다. 작가는 이를 위해 고조선 시대부터 조선 시대까지의 고대 무기, 금속 공예품, 화약 병기, 목조 및 석조 건축물 등 여러 유물에 담긴 역사와 과학기술을 소개하고 있습니다. 또 우리의 고대 과학기술이 서양 과학기술과 견주어 조금도 뒤지지 않는다는 점을 객관적 근거를 토대로 설명합니다. 이 과정에서 한국사와 세계사에 대한 교양도 얻을 수 있지요.

이 책은 고대 인류 문명의 길을 연 이들이 우리 조상이라는 것을 처음으로 당당하게 밝힌 과학 역사서입니다. 이를 토대로 여러분이 우리 역사에 자부심을 갖고 미래를 창조하는 과학자로 자랄 수 있기를 응원합니다.

침팬지도
이해하는
5분 수학

#수학 #수학교육학 #통계학

이 책은 2003년부터 2004년까지, 2년 동안 저자가 독일의 '벨트'지에 '5분 수학'이라는 코너로 연재했던 수학 칼럼을 모아 엮은 것입니다. 저자는 독일 베를린자유대학교 수학 및 전산학과 교수이자 대수와 확률 이론의 전문가인 에르하르트 베렌츠입니다.

저자는 이 책에서 총 100가지 수학 상식을 이야기하고 있습니다. 침팬지도 '고상한' 책을 쓸 수 있을까? 알 수 없는 우연을 어떻게 계산 가능한 수치로 표현하는가? 5차원 케이크는 어떤 모양일까? 등의 질문으로 각각의 장이 구성되어 있어 호기심을 가지고 수학의 원리에 접근할 수 있습니다. 또한 자연스럽게 수학의 응용 분야에 대해 살펴볼 수 있고, 수학에 얽힌 재미있는 상식들과 수학자들의 논쟁거리를 통해 수학은 유용하고, 매력적인 학문이라는 것을 알 수 있습니다.

이 책을 추천하는 이유

세상을 살아가는 데 수학은 얼마만큼 필요한 학문일까요? 우리는 학교에서 수학이 어렵다고 느낄 때마다 이런 생각을 하게 됩니다. 일상생활에 쓰이는 수학이라는 것은 고작해야 슈퍼마켓에서 물건값을 지불할 때나 가계부를 쓸 때 사용하는 사칙연산 정도라고 말이지요. 이마저도 휴대 전화의 계산기에 의존하며 기계에 미루는 사람이 많습니다.

이 책은 수학을 싫어하는, 그래서 일명 '수(학을)포(기한)자'가 되려는 학생들에게 일상 깊숙이 숨어 있는 수학의 무한 매력을 알려 줍니다. 우리가 사는 세상을 수학 원리에 따라 설명해 주고 있지요. 저자는 세상의 구조를 제대로 이해하기 위해서는 '수, 도형, 확률'을 반드시 알아야 한다고 주장합니다. 내비게이션의 최적 경로 찾기, 세탁기의 인공 지능 원리, 로또의 당첨 확률 등 우리 주변에서 쉽게 접할 수 있는 사물에 어떤 수학적 사연이 얽혀 있는지 아는 재미가 쏠쏠할 것입니다.

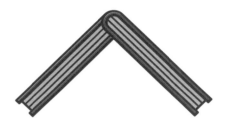

양정고등학교
추천 도서

양정고는 학교 도서관을 중심으로 학생들의 독서 역량을 키우기 위해 '다독다독', 독서 하브루타(짝을 지어 질문, 대화, 토론, 논쟁하는 학습법), '저자 탐색 프로그램'을 운영합니다.

서울시 양천구 목동에는 1905년에 개교한 양정고가 자리하고 있습니다. 원래 종로구 도렴동에서 창학하여 1988년 현재의 목동으로 자리를 옮겼고, 2011학년도부터는 자율형 사립고(자사고)로 운영되고 있습니다.

양정고는 베를린 올림픽 금메달 영웅 故 손기정을 비롯하여 훌륭한 동문을 많이 배출한 데다 학풍도 뛰어나 오랜 기간 명문 사학으로 자리매김해 왔습니다. 양정고에는 1924년에 결성된 문예반을 비롯해 40여 개가 넘는 동아리가 있습니다. 학교는 '1인 1동아리' 체제를 유지하기 위해 각종 지원을 아끼지 않죠. 다양한 동아리 활동을 비롯해 연구 과제 프로그램인 '1인 2과제', 40여 개가 넘는 경시대회와 공모전, 과제 학습 답사 등의 교육 프로그램을 운영하고 있습니다.

교육 시설 역시 양정고의 장점이라고 할 수 있습니다. 1만 2천 평규모의 대지 위에 인조 잔디 운동장, 도서관, 강당, 체육관, 100주년 기념관, 생활관, 체력 단련실, 식당이 들어서 있습니다. 이 외에도 과학실, 어학실, 교과별 교실, 학생 세미나실, 진로 진학 센터, 영어 도서관, 동아리실 등 다양한 공간을 제공합니다.

마음 알기,
자기 알기

#심리학 #상담학 #교육학

　　자신을 제대로 바라보고 삶의 의미를 발견하여 미래를 설계하는 데 도움을 줄 수 있는 책입니다.

　　책은 총 8개의 파트로 되어 있고 각 파트별로 앞에서는 이론적 내용을 설명해 주고, 마지막에는 실제로 자신에게 적용해 볼 수 있는 연습 부분을 만들어 하나의 워크북처럼 구성하였습니다. 첫 번째 파트에서는 의식과 개인 무의식에 대해, 두 번째 파트에서는 나의 욕구 알기, 세 번째 파트에서는 성격 유형 파악, 네 번째 파트에서는 자아상, 다섯 번째 파트에서는 인생의 여러 단계, 여섯 번째 파트에서는 숨은 나의 발견, 일곱 번째 파트에서는 나의 인생관, 마지막 여덟 번째 파트에서는 자기 표현을 다루고 있습니다.

이 책을 추천하는 이유

학생들의 독후 활동지를 읽다 보면, 청소년들이 심리학에 많은 관심을 갖고 있다는 것을 느낄 수 있습니다. 또래 친구들의 심리를 분석하는 것이 재미있어 심리학 책을 즐겨 읽는 학생이 있는가 하면, 경찰을 꿈꾸며 범죄 심리 서적을 탐독하는 친구들도 있습니다. 한창 사춘기를 보내고 있을 학생 여러분도 심리학에 흥미를 느낄 것 같아 이남희 작가의 책을 추천합니다.

이 책의 부제는 '청소년을 위한 심리 공부와 자기표현'으로 여러분의 눈높이에 잘 맞는 책입니다. 저자는 서문에서 젊은 시절에 사람에 대해 많은 고민을 껴안고 살았다고 밝히고 있습니다. 그 결과물 중에서 청소년들에게 유익한 내용을 이 책에 담았죠. '자기 자신을 아는 법, 타고난 본래의 자기와 갈등을 일으키지 않고 자유롭게 사는 법, 다른 사람과 조화를 이루며 생활하는 법, 스트레스 덜 받고 자기만의 삶의 의미를 깨닫는 법' 등을 일러 줍니다. 이 책은 심리학의 기본 용어와 개념에 대해서도 쉬운 사례를 들며 풀이해 주어 심리학 전반에 대한 이해도 높일 수 있게 도와 줍니다.

생명이
있는 것은 다
아름답다

#생명과학 #사회학 #교육학

　　과학 대중화에 앞서고 있는 최재천 교수의 저서
로 동물들이 사는 모습을 통해 생태를 이해하고, 우리의 삶도 더 사
랑하게 만들어 주는 책입니다.

　　네 파트로 되어 있으며, 첫 번째 파트는 '알면 사랑한다'로 개미
군단의 만리장성 쌓기, 고래들의 따뜻한 동료애, 가시고기 아빠의 사
랑 등의 내용을 담고 있습니다. 두 번째 파트는 '동물 속에 인간이 보
인다'로 동물 사회의 열린 경쟁, 갈매기의 이혼, 까치의 기구한 운명
등의 내용을 담고 있습니다. 세 번째 파트는 '생명, 그 아름다움에 대
하여'로 블루길 사회의 열린 교육, 개미는 세습하지 않는다, 원앙은

과연 잉꼬부부인가 등의 내용을 다루고 있습니다. 마지막 네 번째 파트는 '함께 사는 세상을 꿈꾼다'로 개미도 나무를 심는다, 개미 제국의 왕권 다툼, 여왕벌의 별난 모성애 등의 내용을 다루고 있습니다.

각기 다른 동물들의 세계를 들여다보며 그들이 살아가는 다양한 모습들을 애정어린 시선으로 담고 있습니다.

이 책을 추천하는 이유

생명과학자인 저자는 동물 사회학이나 동물 행동학에 대한 이해를 돕는 책들을 주로 집필해 왔습니다. 이 책 역시 '인간이 동물보다 나은 점은 무엇일까?' 그 반대로 '인간이 동물들에게 배울 점은 무엇일까?'에 대한 답을 구할 수 있도록 이끌어 줍니다. 이를 위해 각기 다른 동물들의 사연을 전합니다.

사회성이 있는 생물은 협동과 배려를 잘합니다. 그 덕분에 여럿이 무리를 짓고 살아도 내분이 잘 일어나지 않고, 효율적인 분업으로 많은 양의 일을 신속하게 처리합니다. 이것은 인간과 일부 동물에게서 나타나는 공통점이죠. 그런데 오늘날 인간 사회에서는 왕따와 이기주의가 기승을 부리면서 협동과 배려가 점점 약해지고 있습니다. 이 책을 읽으면, 이럴 때 동물을 거울삼아 우리가 얻을 수 있는 교훈은 무엇인지 느끼게 될 것입니다.

진주 귀고리 소녀

#영어영문학 #미술학 #연극영화학

미국의 소설가 트레이시 슈발리에의 대표작으로, 네덜란드 화가 요하네스 베르메르1632~1675의 그림에서 영감을 얻어 그림 속 모델을 소설적 상상력을 통해 작품 속으로 불러내면서 흥미로운 드라마가 펼쳐집니다. 출간 직후 세계적인 베스트셀러가 되었으며, 영화로도 제작되어 큰 성공을 거두었습니다.

화가 요하네스 베르메르의 그림 진주 귀고리 소녀는 화가의 삶만큼이나 신비에 싸인 작품입니다. 신비로움 때문에 '북구의 모나리자'라고도 불리지요. 작가는 그림 속 소녀는 누구이고, 어떻게 그림 모델이 되었는지, 그리고 그림 속 표정이 의미하는 것은 무엇인지 소설적 상상을 통해 흥미롭게 펼칩니다. 17세기 네덜란드에 대한 치밀한 고증을 바탕으로 내용을 전개하기 때문에 당신의 사회상도 자세히 살펴볼 수 있는 소설입니다.

이 책을 추천하는 이유

"아는 만큼 보인다."라는 말이 있습니다. 여기에서 '본다'라는 것에는 '이해한다'라는 개념이 내포되어 있지요. 예술가란 일상에서 새로운 것을 보려는 사람들입니다. 보는 것은 굉장히 중요해서 어떻게 보느냐에 따라 진실이 달라질 수도 있습니다. 하늘의 구름도 언뜻 보면 하얀색 같지만 자세히 보면 푸른빛도 있고 노란빛도 감돕니다. 늘 보아 오던 것을 낯설게 바라보면 이처럼 또 다른 새로운 세상이 열립니다.

베일에 싸인 네덜란드의 화가 요하네스 베르메르는 색과 색의 조합, 빛의 활용에 굉장히 민감하였다고 전해집니다. 작가는 이 화가와 작품 속 모델을 소설의 주인공으로 등장시켜 그림의 분위기에 어울리는 이야기를 지어냈습니다. 이 책을 읽다 보면 문학의 관점에서 미술을 바라본다는 것이 무엇인지 이해할 수 있게 됩니다.

인듀어런스

#교육학 #영어영문학 #리더십

남극 대륙 횡단에 나선 영국인 탐험가 어니스트 섀클턴의 이야기를 다룬 책입니다.

1914년 섀클턴이 이끄는 탐험대는 인듀어런스호를 타고 세계 최초로 남극 대륙 횡단에 나섭니다. 하지만 목적지를 불과 150여 km 남겨두고 얼어붙은 바다에 갇혀 버리고 맙니다. 배는 얼음의 압력으로 부서지고, 그 이후 대원들은 상상하기 힘든 어려움에 직면하게 되지요. 남극을 향해 가는 준비 과정부터 침몰, 그리고 그 이후 구조받기까지의 여정들이 총 8부로 나뉘어 긴박감 넘치게 펼쳐집니다. 처참한 환경에 굴복하지 않고, 온 대원이 한마음으로 뭉쳐 투혼을 발휘하며 구명용 보트 한 척으로 거칠고 험한 드레이크 해협을 통과하고, 도끼 한 자루와 로프만으로 해발 3000 m에 달하는 얼음산을 넘어 결국 출발지인 사우스 조지아섬 기지에 도착하는 모습은 매우 감동적입니다. 아름다운 남극의 풍경, 끔찍하게 파괴된 배, 섀클턴과 대원들의 영웅적 사투를 시각 자료를 통해 생생하게 느낄 수 있습니다.

이 책을 추천하는 이유

여러분은 남극 탐험에 최초로 성공한 인물이 누구인지 알고 있나요? 아마도 '아문센'이라는 이름은 들어 본 적이 있을 것입니다. 그렇다면 '섀클턴'이라는 이름은요? 대부분 생소하다고 느낄 텐데, 그도 그럴 것이 그는 남극 탐험의 실패자이기 때문입니다. 그러나 그는 '위대한 실패자'라는 수식어가 붙는 위대한 리더입니다.

이 책은 남극 탐험을 하다가 커다란 위험을 맞은 상황에서 단 한 명의 낙오자도 없이 무사히 생환한 인듀어런스호의 실화를 전합니다. 탐험가 어니스트 섀클턴과 27명의 대원들은 얼어붙은 바다에서 생존을 위한 고투를 벌입니다. 이러한 위기 상황에서 섀클턴은 더욱 빛나는 리더십을 보여 줍니다. '성공보다 더 위대한 실패'가 무엇인지 이 책을 통해 깨닫기 바랍니다.

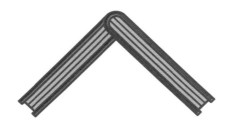

용인한국외국어대학교
부설고등학교 추천 도서

용인외대부고는 학생들의 독서력을 키우기 위해 매
년 저자 초청 행사를 진행하고 R&D라는 독서 토론
활동을 실시하고 있습니다.

용인외대부고의 가장 큰 경쟁력은 체계적인 교육 프로그램으로, R&D(Reading&Discussion), ARC(Advanced Research Course), RC&P(Research, Creativity&Presentation)라는 심화 연구 프로그램이 대표적인 모델입니다. R&D는 '최고의 Reader가 최고의 Leader가 될 수 있다'는 믿음에서 탄생한 독서 토론 활동으로, 학생 6~7명이 모둠을 이루어 책을 읽고 토론하는 한편, 관련 설문지를 만들거나 자료를 발표하는 활동으로 사고를 확장해 나갑니다. 활동 과정은 보고서에 기록해 학술제에 응모하고 있습니다. ARC는 수학 및 과학 분야에 재능이 있는 학생들이 주도하는 스터디 모임으로, 탐구 과제에 대한 실험 및 연구를 통해 창의적인 사고력을 기를 수 있습니다. RC&P는 국제과정에서 주최하는 활동으로, 학생들이 관심 분야에서 자유 주제를 정해 활발히 자료를 수집하고, 그 결과물을 효과적인 방식으로 전달하는 것까지를 포함합니다. 발표는 연극, UCC, 전시, 강연 등의 형식으로 이뤄지고 있는데, 이러한 활동을 통해 학생들은 소통의 중요성을 인식하고 보다 창의적인 아이디어를 내게 된다고 합니다.

사기열전

#중어중문학 #역사학 #국어국문학

　　중국의 역사학자 사마천이 기록한 〈사기〉는 중
국 오제 때부터 한나라 무제 때까지 약 3000년 동안의 역사와 그 시
대를 살아간 다양한 사람들의 모습을 기록한 책으로, 본기本紀, 표表,
서書, 세가世家, 열전列傳으로 이루어져 있습니다. 그중 가장 많은 분
량을 차지하고 있으며, 백미로 꼽히는 것이 바로 열전입니다.

　　사기열전에는 다양한 인간 군상들의 성공과 좌절, 우정과 배반,
지혜와 탐욕 등의 이야기들이 담겨 있습니다. 특히 수많은 인재들의
활약상이 돋보이는 이야기들이 많은데, 이를 통해 어떻게 살아갈 것
인가를 생각해 볼 수 있게 하는 고전 중의 고전입니다.

이 책을 추천하는 이유

다수의 역사서가 역사적 사실을 전개할 때 왕조의 흥망성쇠를 기준으로 하고 있습니다. 우리가 학교에서 접하는 역사 교과서도 이러한 형식입니다.

그런데 중국의 위대한 역사가 사마천은 기원전의 먼 옛날, 이미 역사의 중심에 왕이 아닌 사람을 놓고 그들의 이야기를 전하였습니다. 바로 〈사기〉를 통해서였죠. 이 작품에는 역사적으로 위대한 정치가나 사상가도 나오지만 은사(숨어 살던 선비)나 평민, 시정잡배들도 주인공으로 등장합니다. 사마천은 이를 통해 역사의 주인이 소수의 지도자가 아닌 민중임을 일깨워 주고자 하였습니다.

〈사기〉는 업적이 아닌 인간 중심의 역사관을 보여 주는 역사서로 인간을 성찰하는 기회도 함께 제공합니다. 이 책의 생생한 기록을 엿보며 먼 옛날로의 시간 여행을 떠나는 한편, 지금 우리를 둘러싼 현실의 문제를 되돌아보길 바랍니다.

열하일기

#중어중문학 #역사학 #국어국문학

연암 박지원의 중국 기행문으로 18세기 우리나라 지성사에 한 획을 그었던 책입니다.

박지원은 1780년 청나라 건륭 황제의 70회 생일을 축하하는 사절단에 끼어 북경을 여행하고 이제까지 아무도 가 보지 않은 열하 지방을 체험하였습니다. 그는 중국 여행을 마치고 귀국하자마자 열하일기 집필에 전념하였는데, 당시의 시대착오적인 반청사상을 풍자하고 조선을 낙후시킨 양반 사대부의 책임을 추궁하는 등 현실 비판적인 내용과 신랄한 표현을 담아 큰 반향을 일으켰습니다. 하지만 내용 때문에 당대는 물론이고 조선조 내내 받아들여질 수 없었던 책입니다.

이야기는 압록강을 건너면서부터 시작되는데, 산해관에서 북경까지의 이야기, 열하에서 만난 중국 친구들, 라마교에 대한 문답, 의약 처방 기록 등의 내용 등이 담겨 있습니다.

이 책을 추천하는 이유

〈열하일기〉는 박지원이 청나라를 여행하고 돌아와서 쓴 여행기로, 당시 그는 중국으로 떠나며 기존의 모든 것을 버리고 새로운 것을 배워 들여오겠다는 각오를 다졌습니다.

이전에도 청나라를 여행하고 돌아와 책을 펴낸 이들이 있었지만, 이들과 박지원의 다른 점은 마음가짐이었습니다. 당시 사대부들은 청나라를 '오랑캐의 나라'라고 무시하며 그들에게서 배울 것이 없다고 보았습니다. 그러나 박지원은 급속히 발전하는 청나라의 신문물을 상세히 관찰해서 이를 책에 소개하고, 조선에 변화를 촉구하였습니다. 오직 백성과 나라의 미래를 최우선으로 여겼기에 파격적인 주장을 펼칠 수 있었던 것이죠.

그가 보여 준 지식인의 자세는 우리가 공부하는 근본적인 이유라는 점에서 이 책을 추천합니다.

종의 기원

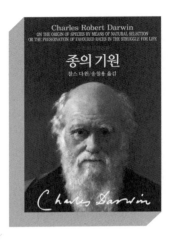

Charles Robert Darwin
ON THE ORIGIN OF SPECIES BY MEANS OF NATURAL SELECTION
OR THE PRESERVATION OF FAVOURED RACES IN THE STRUGGLE FOR LIFE

종의 기원
찰스 다윈/송철용 옮김

#생명과학 #철학 #인류학

생물의 진화론을 확립하는 동시에 생명과학은 물론 사상학적으로도 획기적인 기준을 세운 고전입니다.

영국의 생물학자 찰스 다윈은 자연선택(자연계에서 그 생활 조건에 적응하는 생물은 생존하고, 그렇지 못한 생물은 저절로 사라지는 일)이라는 진화 메커니즘을 주장하고, 나무에서 뻗어가는 가지에 비유해 종의 분화를 설명하였습니다. 다윈은 이 두 도구를 이용해 생명의 변화 방식과 다양성을 밝혔지요.

총 14장에 걸쳐 내용이 전개되고 있는데, 1장에서는 사육과 재배 과정에서 발생하는 변이, 2장에서는 자연 상태에서 발생하는 변이, 3장에서는 생존경쟁, 4장에서는 자연도태 또는 적자생존, 5장에서는 변이의 법칙, 6장에서는 학설의 난점, 7장에서는 본능, 8장에서는 잡종, 9장에서는 불완전한 지질학적 기록, 10장에서는 생물의 지질학적 천이, 11장과 12장에서는 지리적 분포, 13장에서는 형태학, 발생학, 흔적기관, 14장에서는 요약과 결론을 이야기하고 있습니다.

이 책을 추천하는 이유

다윈은 이 책에서 자연선택이라는 진화의 메커니즘을 주장하고, 진화의 원리를 명쾌하게 설명하였습니다. 이것은 과학뿐 아니라 다른 모든 영역에 엄청난 파장을 몰고 왔습니다. 이 점에서 저는 이 책을 단순히 자연 과학서로 읽기보다, 사회학적 사고를 기르는 교양서로 읽었으면 하여 추천합니다.

다윈의 진화론은 이후 일부 정치인과 학자들에 의해 그 내용이 왜곡되면서, 한때 우생학(유전 법칙을 응용해서 인간 종족의 개선을 연구하는 학문)과 인종주의, 민족주의를 지지해 주는 이론으로 변질되기도 하였습니다. 이것은 과학적 지식이 잘못된 가치관과 결합하면 얼마나 심각한 위험을 초래하는지 잘 보여 줍니다. 〈종의 기원〉을 읽으면서 책이 전하는 정보에 주목할 뿐만 아니라, 그것이 이 시대, 인류에게 전하는 의미에 대해서도 함께 고민해 보기 바랍니다.

윤동주
시집

#국어국문학 #문예창작학 #역사학

     시인 윤동주는 일제강점기에 명동소학교, 은진중학교를 거쳐 평양의 숭실중학교로 편입하였으나 신사참배 거부로 자퇴하고, 광명중학교 졸업 후 연희전문학교에 입학하였습니다. 15세 때부터 시를 쓰기 시작하여, 조선일보, 경향신문 등에 많은 시를 발표하고, 문예지 〈새명동〉 발간에도 참여하였습니다.

    그는 대학시절 틈틈이 썼던 시들 중 19편을 골라 시집 〈하늘과 바람과 별과 시〉를 내고자 하였으나 뜻을 이루지 못하고, 1945년 항일 운동 혐의로 체포되어 후쿠오카 형무소에서 27세로 옥사하였습니다.

해방 후 1948년에 유고(죽은 사람이 생전에 써서 남긴 원고) 시집 〈하늘과 바람과 별과 시〉가 출간되었으며, 1985년부터 한국문인협회가 그의 시 정신을 계승하기 위해 '윤동주 문학상'을 제정하여 매년 시상하고 있습니다.

〈윤동주 시집〉에서는 윤동주의 여러 작품들을 감상할 수 있으며, 윤동주의 생애와 시에 대한 해설을 실어 그의 작품을 이해하는 데 도움을 주고 있습니다.

이 책을 추천하는 이유

여러분도 최근 우리 사회가 정치적 격랑기를 헤쳐 왔다는 것을 익히 알고 있을 것입니다. 이러한 시대에 사회를 온전한 방향으로 이끌어 가는 것은 기성세대만의 몫이 아닐 것입니다. 청소년들도 역시 냉철한 인식을 바탕으로 지금 내가 무엇을 할 수 있고, 또 해야 할지를 진지하게 고민해야 합니다.

시인 윤동주는 식민지의 절망적인 현실을 살며 자신의 역할과 책임에 대해 누구보다 깊고 진지하게 고민한 사람입니다. 그가 남긴 유고 시집을 통해 몰락한 조국을 마음으로 지켜 낸 한 청년의 뜨거운 마음을 들여다보면, 여러분의 내면도 한층 성숙해질 것이라 기대하며 추천합니다.

전황당인보기

#국어국문학 #문예창작학 #역사학

민음사의 한국단편문학선에는 1950~1960년
대 어두웠던 시대의 초상을 그려낸 전후세대 작가의 작품들이 실려
있습니다. 그중 〈전황당인보기〉는 1955년 한국일보 신춘문예 당선
작으로 작가 정한숙의 초기 대표작입니다.

〈전황당인보기〉에는 전쟁 직후 혼란의 시기에 가치관이 서로 다
른 두 친구의 이야기를 통해 우정의 의미를 묻고, 사라져 가는 아름
다운 전통을 안타까워하는 이야기가 담겨 있습니다. 더 나아가 세상
사람들이 전통적인 가치를 상업적으로 깎아내리는 세태에 대한 비
판 의식도 담겨 있습니다. 작품 제목은 전황석을 새겨 도장을 만들던

곳의 인장 목록이란 뜻을 가지고 있습니다.

소설은 친구인 석운이 높은 관직에 오르자 전각가인 수하인이 귀한 전황석 인장을 선물하는 것으로 시작됩니다. 그러나 그 가치를 이해하지 못하는 석운과 석운의 처는 이 귀한 도장을 아무것도 아닌 것으로 무시해 버립니다. 인장은 돌고돌아 다시 수하인에게 돌아오는데 그 과정에서 많은 내용을 전달해 줍니다.

이 책을 추천하는 이유

눈부신 과학 기술의 발전이 인류를 늘 흥분시키는 것은 아닙니다. 이것은 때로 인간 소외를 비롯해 미래에 대한 막연한 두려움을 몰고 오니까요. 이처럼 새로운 것은 언제나 기존의 것을 밀어낼 수 있다는 위험을 안고 있게 마련입니다.

〈전황당인보기〉는 세속에 물든 한 사내와 문방사우文房四友를 만지며 사는 깨끗한 선비 사이에 일어나는 갈등과 애수(마음을 서글프게 하는 슬픈 시름)를 그린 단편 소설입니다. 둘은 오랜 벗이지만 미풍美風에 대한 한쪽의 몰이해로 우정에 미묘한 금이 가게 됩니다.

독자들은 이 작품을 읽으며 오늘날 기술이 인간을 추월하는 현실을 떠올려 볼 수 있을 것입니다. 전통을 현대적으로 어떻게 해석할 것인가 하는 문제를 곱씹어 볼 수 있어 추천합니다.

울산외국어고등학교
추천 도서

울산외고는 외국어 교육과 더불어 인문, 경영·경제, 교육, 정치·외교, 국제학 등의 분야를 아우르는 LT 교육, 인문학 아카데미, 인성 교육 등 다양한 프로그램을 운영 중입니다.

울산외고는 2010년 3월에 개교한 공립 외고로 영어과 3학급, 중국어과 · 러시아어과 · 일본어과 각각 1학급으로 구성되어 있습니다. 2011년에는 아랍어과가 신설되어 총 5개 학과 7학급이 있는 현재의 모습을 갖추었습니다. 아랍어과는 전국에서 유일하게 울산외고에만 개설되어 있어 전국 단위로 25명의 신입생을 모집하고 있습니다. 울산외고에는 '오유오무학교'라는 별칭이 있는데, 여기서 오유(五有)란 '미소, 인사, 칭찬, 유머, 명상'이고, 오무(五無)란 '사교육, 체벌, 휴대 전화, 흡연, 폭력'입니다. 울산외고는 공립 특목고로서 사립 특목고에 비해 학비가 저렴한 편이며, 개교한 지 얼마 되지 않아 교실과 기숙사, 독서실을 비롯한 생활공간도 쾌적함을 자랑합니다. 울산외고에서는 수준별 +1 이동수업, 방과후 맞춤형 수업, 주말 틈새 교육 등 학력 신장 프로그램이 운영되고 있고, 학생 LT(Leadership Training) 교육, 서양철학을 통한 인성 교육, 인문학 아카데미, 봉사 Dream 등의 글로벌 인성 교육 프로그램도 운영 중입니다.

The Giver

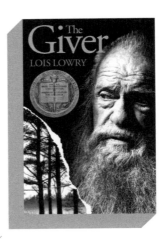

#영어영문학 #문예창작학 #연극영화학

아동 문학 작가로 유명한 로이스 로리의 작품으로 인간의 어두운 면을 파헤치며 독자에게 미래 사회에 대한 질문을 던지는 소설입니다. 이 책은 아동 문학계의 노벨상으로 일컬어지는 미국의 뉴베리 수상작이며, 영화로 만들어지기도 하였습니다.

전쟁, 기아, 차별, 폭력과 같은 모든 갈등 요소가 제거되어 있는 완벽한 사회에서 열두 살이 되면 '위원회'로부터 직위를 받는데, 주인공 조너스는 '기억 보유자'라는 뜻밖의 직위를 받게 됩니다. 소설 속 사회에서는 모든 사람들이 과거의 기억을 지우고 살아가지만 기억 보유자는 기억을 물려 받게 되고, 후임에게 전달해 주는 것입니다. 이후로 조너스는 수많은 기억을 전달받게 되는데, 이 과정에서 가족의 개념을 익히게 되고 사랑과 아픔을 느껴 보기도 합니다. 우리나라에서는 롱테일북스에서 원서로 출간하였으며, 원서 책과는 별도로 워크북을 제공해 어려운 어휘는 물론 이해력을 점검하는 퀴즈도 풀 수 있어 독자들이 원서를 보다 쉽고 재미있게 읽을 수 있도록 도와 줍니다.

이 책을 추천하는 이유

〈The Giver〉(기억 전달자)는 세계적으로 530만 부 이상 판매된 베스트셀러로, 울산외고 영어과 1학년 학생들의 수업 교재입니다.

이 책은 모두가 똑같이 행복한 삶을 살기 위해 감정과 기억이 철저히 통제된 유토피아 사회를 배경으로 하고 있습니다. 열두 살 소년인 주인공 조너스만 그곳에서 유일하게 진짜 감정을 느끼며 살아가는데, 그로 인해 펼쳐지는 일들을 그리고 있지요. 모든 사람이 같은 상태를 추구하고, 또 그들의 운명이 일정한 규칙에 의해 결정되는 삶은 어떤 모습일까요? 이 책은 인간이 지닌 다양한 감정이 그 자체로 얼마나 소중한지 깨닫게 해 줍니다. 또한 주인공 조너스와 주변 친구들이 10대 초반이기 때문에 여러분도 쉽게 공감하며 읽을 수 있을 것입니다. 2014년에 〈더 기버: 기억 전달자〉라는 영화로도 개봉되었으니, 책을 읽고 나서 영화를 보는 것도 재미있겠죠?

불평등의
대가
(The Price of Inequality)

#경제학 #정치학 #법학

　　　　노벨 경제학상을 수상한 세계적인 석학 조지프
스티글리츠가 '불평등'을 핵심어로 하여 미국 자본주의의 현실을 분
석하고 비판한 책입니다.

　　오늘날 불평등이 얼마나 심각한 지경에 이르렀는지, 이런 불평등
을 낳은 시스템이 어떻게 경제 성장을 저해하고 효율성을 떨어뜨리
고 있는지를 명확하게 보여 줍니다. 이러한 문제들이 민주주의와 사
법 체계까지 영향을 미치고 있다고 저자는 말하고 있습니다.

　　책은 총 10장으로 구성되어 있는데, 1%의 나라 미국에 대한 설
명으로 시작하여, 시장과 불평등, 민주주의의 위기, 법치주의의 훼손,

거시 경제 정책과 중앙은행 등의 문제점들을 밝히고 있습니다. 여기에 문제 분석에서 끝나지 않고 정의롭고 바람직한 미래를 위한 비전과 함께 이러한 비전을 이루기 위한 구체적 프로그램까지 제안하고 있습니다.

이 책을 추천하는 이유

〈불평등의 대가〉에서 저자는 불평등이 경제뿐 아니라 우리 사회의 민주주의와 사법 체계에까지 어떤 악영향을 미치는지에 대해서 정밀하게 분석하여 알려 주고 있습니다. 또한 지금의 불평등은 바꿀 수 없는 흐름이 아니라 정치적, 정책적 노력에 따라 얼마든지 바꿀 수 있는 것이라고 주장하며, 구체적인 해법을 제시하고 있지요.

오늘날 불평등 문제는 전 인류의 고민입니다. 우리나라에서도 주택 가격 폭등과 치솟는 대학 등록금, 실업과 비정규직 문제가 연일 대중 언론에서 다루어지고 있습니다. 현대 사회의 본질적인 문제를 성찰해 보고 싶은 학생들에게 강력하게 추천합니다.

시크릿
스페이스

#기계공학 #전기전자공학 #과학교육학

교육부가 선정한 우수 과학도서이자 자연과학 스
테디셀러로 자리를 지키며 독자들로부터 꾸준한 사랑을 받고 있는 책
으로, 2011년 출간된 이후 그동안의 과학 이슈를 추가하여 2017년에
개정판으로 다시 출간되었습니다.

서울과학교사모임에서 집필하였으며 총 7개의 시크릿 스페이스
Livingroom, Kitchen, Bathroom, Room, Road, Office, Outdoor 로 나누어 각각의 공간에 어울
리는 도구 및 현상들과 과학적 원리들을 담았습니다. 예를 들어 첫
번째 시크릿 스페이스 Livingroom에서는 에어컨, 공기청정기, 3D
영화, 진공청소기, 오르골, 스피커, 제습기, 자물쇠의 비밀을, 두 번째

시크릿 스페이스 Kitchen에서는 전자레인지, 냉장고, 압력밥솥, 세탁기, 저울, 모래시계, 온도계, 발효의 비밀 등을 보여 주고 있지요. 특히 본문 곳곳에 역사유물과 명화를 함께 소개함으로써, 예술과 인문학적 시각을 융합하여 과학으로 접근한 방법이 돋보입니다.

이 책을 추천하는 이유

이 책은 과학 선생님들이 물건을 매개로 과학 원리를 들려준다는 취지에서 기획되었습니다. 책의 부제도 '일상 공간을 지배하는 비밀스런 과학 원리'이지요. 나사, 전구, 거울 등 역사가 긴 생활용품에서부터 MP3, 에어컨, 블루투스, 무선충전기 등 최신 생활 기기에 이르기까지 만물상이 따로 없습니다. 책을 읽고 나면 우리의 일상에 과학이 얼마나 다양하게 스며들어 있는지 알고 감탄하게 될 것입니다.

이 책은 개별 사물들의 과학 원리만 설명하는 것이 아니라, 사물의 발견이 몰고 온 사회적 변화도 이야기합니다. 예를 들어 피임약의 발명으로 미국 여성의 고교 중퇴율이 감소하였고, 전구의 발명으로 9시간이던 인간의 평균 수면 시간이 7시간 반으로 줄었다는 사실들 같은 것이죠. 과학이 사회를 뒤흔든 사실이 참 흥미롭지 않나요? 이 책은 국어 교사인 제가 여름 방학 수업 교재로도 활용하고 있습니다.

태평천하

#국어국문학 #국어교육학 #역사학

        일제강점기와 해방기를 거친 소설가 채만식의 대표작으로 1938년 1월부터 9월까지 〈조광〉지에 연재되었던 중편 소설입니다. 처음 발표할 당시의 제목은 〈천하태평춘〉이었지만, 단행본으로 출간되면서 〈태평천하〉로 바뀌었습니다.

        일제강점기에 자신의 부를 누리며 안락하게 살아가던 인물 윤직원을 내세워 어두운 시대에 대한 풍자를 담고 있는 소설입니다. 윤직원 영감은 지독한 구두쇠로 인력거를 타고도 돈을 주지 않을 정도이지요. 하지만 그의 손자들은 그의 재산을 다 탕진하고, 일본 유학 중인 손자 종학은 사회주의 운동을 하다가 잡혀가기까지 합니다. 이를 본 윤직원 영감은 '이 태평천하에!'라는 말을 남기지요.

일제강점기 암울하던 시기에도 부자들만 잘살면 된다는 인식을 보여 주는 윤직원 영감을 통해 작가는 당시의 세태를 풍자하고 있습니다.

이 책을 추천하는 이유

대학교 때 전공 수업을 들으면서 가장 재미있게 읽은 책 중의 하나가 채만식의 〈태평천하〉입니다. 주인공 '윤직원'은 고전 소설 〈흥부전〉에 나오는 놀부와 똑 닮은 인물로, 일제 강점기 때 혼란을 틈타 부정한 방법으로 재산을 불리고, 신분 상승을 위해 어두운 권력과 결탁하는 등 파렴치한 행동을 일삼습니다. 오로지 돈과 신분 상승에만 집착하는 그에게 고통받는 민족의 현실이나 사회 정의 따위는 안중에 없지요. 지극히 이기적인 그의 태도는 식민지 현실을 '태평천하'라고 일컫고, 세상을 향해 "우리만 빼놓고 어서 망해라!"라고 외치는 데서 극명하게 드러납니다.

작가는 일제 강점기의 현실을 태평천하라고 믿는 주인공의 시국관時局觀을 유머와 풍자를 통해 재미있게 전달합니다. 〈흥부전〉에 나오는 놀부가 밉지만 재미있다고 생각했던 친구들은 이번 기회에 태평천하를 한 번 읽어 보기 바랍니다.

모모

#독어독문학 #아동학 #연극영화학

      독일의 아동문학가 미하엘 엔데의 대표작으로 1973년 발표 당시 정식 책 이름은 〈모모, 시간 도둑과 사람들에게 빼앗긴 시간을 돌려준 한 아이의 이상한 이야기〉였습니다. 제목처럼 이 책은 도둑맞은 시간을 인간에게 찾아주는 어린 소녀 모모에 대한 흥미진진한 이야기를 담고 있습니다. 마치 현실과 꿈이 섞여 있는 듯한 환상적인 세계를 그리고 있지요.

      회색 사나이들이 지배하는 이탈리아 어느 도시에 '모모'라는 아이가 나타납니다. 모모는 사람들의 이야기를 들어주며 인간에게 주어지는 시간과 그 아름다움을 깨닫게 해줍니다. '시간이 삶이고, 삶은 우리 마음속에 깃들어 있다.'라는 메시지를 전해 주는 동화로 아이들은 물론이고 어른들에게도 감동을 주는 책입니다.

이 책을 추천하는 이유

이 책은 제가 중학생이었을 때 가장 재미있게 읽었던 책입니다. 마치 할머니가 한겨울밤에 들려주시던 따뜻하고 신비로운 옛날이야기 같은 동화이지요. 남의 말을 귀 기울여 들을 줄 아는 꼬마 친구 '모모'는 어느 날부터인가 다정했던 친구들이 하나둘씩 예전의 여유와 정을 잃어 가고 있다는 것을 깨닫고 친구들을 일일이 방문합니다. 이런 모모의 행동은 사람들 사이에 몰래 숨어들어 시간을 훔치고 있던 '회색 신사'들에게는 큰 위협이었죠. 모모 때문에 사람들이 다시 '시간을 낭비'하고 있는 셈이었으니까요. 그들은 모모를 처리하기로 하지만 이것을 미리 알아챈 시간 관리자, '호라' 박사는 정확히 반 시간 앞의 미래를 볼 수 있는 거북이를 보내 모모를 돕게 합니다.

이 책은 인간의 삶에서 가장 소중한 시간의 신비한 비밀에 대해 이야기합니다. 모모가 회색 신사들에게 맞서 우리의 시간을 지켜 줄 수 있을지 궁금하다면 이 책을 읽어 보세요. 우리가 살아가는 삶의 소중함, '지금'의 소중함을 느낄 수 있을 것입니다.

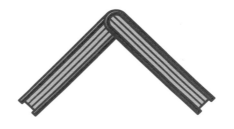

인천하늘고등학교
추천 도서

인천하늘고는 학생들에게 교과 내용과 관련된 분야
의 책 읽기를 장려하고 있습니다.

인천하늘고는 인천광역시 내 유일한 전국 단위 자사고입니다. 지난 2011년에 인천국제공항공사가 600억 원가량을 들여 영종도에 설립한 학교로, 공기업의 든든한 재정이 뒷받침된 교육 환경은 명문고에 목말라 있던 중학생들의 마음을 사로잡았죠. 그 덕분에 단기간에 우수한 인재들이 몰렸고, 대학 입시에서 놀라운 실적을 기록하였습니다.

인천하늘고는 공교육 내에서 대학 입학 시까지 학생들이 필요로 하는 교육을 모두 받을 수 있도록 '사교육비 제로(ZERO)' 프로그램을 운영하고 있습니다. 인천하늘고의 최대 장점은 대학 연계 교육이 활발하다는 것입니다. 그중 '하늘 아카데미 코스'는 각 분야의 교수들이 학교를 방문해 재학생들의 기초 연구 역량을 강화하는 수업을 주 1회 2시간씩 진행하는 것으로, 재학생들은 관심 분야의 특강을 선택하여 들을 수 있습니다.

청소년을 위한
한국 고전
문학사

#국어국문학 #한문교육학 #역사학

고등학교에서 국어를 가르치고 있는 김은정, 류대곤 교사가 청소년들에게 한국 고전 문학을 보다 친절하고 자세히 알려 주기 위해 집필한 책으로, 청소년 눈높이에 맞춰져 있어 누구나 한국 고전을 쉽게 이해할 수 있도록 구성되어 있습니다.

한국 고전 문학이 시간의 흐름에 따라 어떻게 발전하고 변화해 왔는지 4개의 장으로 구분하여 설명하고 있는데, 첫 번째 장에서는 우리 문학이 태동한 상고 시대의 시가 문학인 고대 가요와 향가, 한시, 그리고 서사 문학인 설화와 수필을 설명합니다. 두 번째 장에서는 한문학의 융성기라고 볼 수 있는 고려 시대의 문학, 즉 고려 가요,

경기체가, 가전체 문학, 패관 문학 등을 살펴볼 수 있습니다. 세 번째 장에서는 진정한 국문학의 시작이라고 할 수 있는 조선 시대 전기의 문학을, 마지막 장에서는 서민 의식이 성장하고 산문 문학의 시대로 접어든 조선 시대 후기의 문학을 설명하고 있습니다.

이 책을 추천하는 이유

이 책은 수백 명의 작가, 수백 권의 작품이 등장하는 고대 문학사 사천 년의 이야기를 담고 있습니다. 고조선, 삼국 시대, 고려 시대를 거쳐 조선 후기 문학에 이르기까지 한국 고전 문학의 시대별 특징과 장르, 작가와 작품 등이 일목요연하게 정리되어 있죠.

고전 문학은 오늘날 우리가 향유하는 문학과 그 모습은 달라도, 그 속에 담긴 인간의 본성은 오늘날의 우리 자신과 무척 닮아 있다는 점에서 신선함을 주기도 합니다. 결국 우리는 고전 문학이 현대 문학과 따로 존재하는 것이 아님을 깨닫게 되죠.

이 책은 각 작품이 탄생하게 된 역사적 배경을 상세하게 설명하고 있어, 문학과 역사를 두루 이해하는 데 도움을 줍니다. 그동안 우리 고전에 무관심했거나 난해한 번역으로 흥미를 잃었던 학생들에게 이 책을 추천합니다.

위대한
설계

#물리학 #지구과학 #과학교육학

       21세기 최고의 과학자로 불리는 스티븐 호킹이 우주의 기원에 대한 최근의 물리 이론을 일반 독자들도 쉽게 이해할 수 있도록 설명한 책입니다.

    우주는 언제 시작되었는지, 왜 우리는 지금 여기에 있는지, 실재의 본질은 무엇인지, 왜 자연법칙은 생명을 허락할 만큼 정교하게 조율되어 있는지 등의 질문에 과학적 이론을 바탕으로 설명해 주고 있습니다.

    이 책에서 호킹은 또다른 저자인 믈로디노프와 함께 현대 물리학이 다루는 양자역학을 설명 도구로 사용하여 "우주는 하나의 역사를 가진 것이 아니라 모든 가능한 역사들을 동시에 가지고 있다."고 이야기합니다.

이 책을 추천하는 이유

인류가 궁금해하는 '우주와 생명의 기원'에 대해 현대 과학의 명쾌한 답을 들려주는 책입니다. 저자인 스티븐 호킹은 이 책에서 "신이 우주를 창조하지 않았다."고 주장해 세계의 과학자들과 종교인들을 격렬한 논쟁의 소용돌이로 몰아넣었지요. 그는 우주 전체에 물리의 법칙을 적용함으로써 창조론에 의해 정의된 인과 관계의 개념을 흔들었습니다. 한편 우주는 하나의 역사를 가진 것이 아니라 모든 가능한 역사들을 동시에 가지고 있다고 주장했죠.

이 책은 우주와 생명에 대한 이해와 사고 체계에 변화를 줄 수 있는 묵직한 내용을 다루고 있습니다. 많은 학생들이 이 책을 읽으면서 스티븐 호킹의 도전적인 논리에 감탄하며, 과학적 탐구의 본질을 깨달았으면 합니다. 이와 더불어 나도 새로운 이론을 만들고 싶다는 꿈을 키우면 좋겠습니다. 특히 천체 물리학, 수학 등의 분야에 관심이 있는 학생에게 추천하는 책입니다.

박지원의
한문 소설

#국어국문학 #한문교육학 #역사학

　　세상의 허위와 위선을 시원스럽게 풍자한 박지원의
한문 소설 8개를 전국국어교사모임에서 자세한 해설과 함께 설명한
책입니다. 「광문자전」, 「예덕선생전」, 「민옹전」, 「양반전」, 「김신선전」,
「호질」, 「옥갑야화」, 「열녀함양박씨전 병서」 등이 실려 있습니다.
　　이 책은 본 이야기의 앞뒤에 여러 이야기가 덧붙은 작품의 원래
모습을 모두 살려 번역함으로써 박지원의 한문 소설을 그대로 만날
수 있도록 한 것이 특징입니다. 이를 통해 우리 선조들이 소설을 어
떻게 여기고, 썼는지도 짐작해 볼 수 있습니다.
　　또한 이 책에는 소설과 함께 이야기 속 이야기가 담겨 있는데 연

암을 묻다, 조선 후기 양반의 삶, 조선 시대의 역관, 북벌론의 실상, 개가 금지법 등의 내용을 통해 박지원의 작품을 깊이 있게 바라볼 수 있도록 하였습니다.

이 책을 추천하는 이유

조선 후기의 뛰어난 실학자이자 소설가인 박지원[1737~1805]에 대해 여러분도 익히 들어보았을 것입니다. 그는 총 10편의 한문 소설을 남겼는데, 이 책에는 「광문자전」, 「양반전」, 「호질」 등을 비롯하여 8편의 작품이 실려 있습니다. 박지원은 농사꾼이나 거지, 떠돌이 등 하찮고 보잘것없는 사람들의 삶을 통해, 그 시대 양반들이 마땅히 맡아야 했던 역할과 책임을 넌지시 보여 줍니다. 동시에 위세와 허영에 빠져 어영부영하고 있던 양반들의 무능을 비판하죠.

표현과 내용 면에서 모두 거침없는 풍자와 절묘한 역설을 쏟아 내는 박지원의 작품들을 읽다 보면, 새로운 논리와 시선으로 현실을 곱씹어 보는 힘이 길러질 것입니다. 이를 통해 앞으로 우리 사회가 나아가야 할 방향을 고민해 보면 새로운 생각의 지평을 열 수 있을 것입니다.

운동화 신은 뇌

#체육교육학 #생명과학 #심리학

운동이 뇌 건강에 미치는 영향을 알려 주는 책으로, 운동이 우리의 생각과 감정에 어떤 영향을 끼치는지, 운동을 통해 뇌의 학습 능력을 높이는 방법은 무엇인지 과학적으로 설명하고 있습니다. 이뿐만 아니라 우울증 해소, 중독 해결, 뇌를 튼튼하게 하는 운동요법까지, 운동으로 뇌의 기능을 최대한 발휘하여 건강하게 사는 법을 알려 주는 책입니다.

저자인 하버드대학교 정신과 존 레이티 교수는 다양한 실험 사례와 연구 결과들을 바탕으로 운동과 뇌의 놀라운 상관관계를 제시하는데, 특히 1만9천 명의 학생들을 미국에서 가장 건강한 청소년으로 만든 네이퍼빌의 혁명적인 체육 수업 사례를 통해 학습 능력에 운동이 미치는 영향을 알 수 있습니다.

이 책을 추천하는 이유

전교생이 기숙사 생활을 하는 인천하늘고의 아침은 운동으로 시작됩니다. 대개 운동장을 산책하거나 가볍게 뛰는 수준의 소소한 운동이지만, 많은 학생들이 피곤한 아침 시간에 이를 거르지 않는 이유는 바로 이 책이 전하는 가르침 때문일 것입니다.

하버드대학교 정신과 교수인 저자는 "몸이 건강할수록 뇌가 유연해지고 인지 및 심리 기능이 향상된다."라는 사실을 다양한 이론을 곁들여 타당성 있게 입증해 보입니다. 운동과 뇌 활동의 상관관계를 설명하는 부분에서는 과학 이론을, 뇌를 튼튼하게 하는 운동 요법을 전하는 부분에서는 체육 이론을 전해 체계적인 지식도 얻을 수 있습니다.

청소년기는 건강은 물론 학업을 위해서라도 꾸준한 운동이 필요한 시기입니다. 그 이유를 제대로 파헤친 연구가 궁금한 친구들에게 추천하고 싶습니다. 이 책은 운동과 뇌 기능의 관계를 심도 있게 연구한 최초의 저작물로, 청소년들의 삶을 바라보는 관점을 바꿔 줄 수도 있을 것입니다.

청소년을 위한
주제로 보는
조선왕조실록

#역사학 #민속학 #정치학

       조선왕조실록은 1707권으로 이루어진 방대한 역사 기록물입니다. 역사 교사인 저자 송영심은 교과서로는 알기 어려운 조선 시대 사람들의 삶의 향기를 느낄 수 있도록 실록 기사들을 핵심 주제별로 나누어 소개하고 있습니다. 또 기사에 대한 해석과 더불어 관련 조선사 지식까지 함께 알려 주고 있어 선조들의 생각을 느낄 수 있을 뿐 아니라 자연스럽게 풍부한 역사 공부가 가능한 책입니다.

       총 3장으로 구성되어 있으며 1장에서는 조선왕조실록을 왜, 누가 만들었고, 보관은 어떻게 하였는지 알려 주며, 2장에서는 조선의 왕들을 만날 수 있습니다. 3장에서는 정치, 신분제도, 범죄와 처벌, 직업, 결혼, 음식 문화, 천문 등 다양한 주제별로 조선 시대를 설명하고 있습니다.

이 책을 추천하는 이유

1700여 권으로 이루어진 조선왕조실록은 지배층에 대한 기록뿐만 아니라 민중들의 생생한 삶과 정신을 오롯이 담고 있어 '역사의 보고(寶庫)'라는 별명이 있습니다. 교과서에서는 얻을 수 없는 흥미롭고 다채로운 역사 지식이 숨어 있어 한국사 공부의 새로운 재료를 제공하죠. 그러나 방대한 내용과 어려운 한자 등으로 전문 지식이 없는 일반인들이 접근하기 힘든 영역이었습니다.

이 책은 현직 역사 교사인 저자가 조선왕조실록 기사들 중에서 청소년이 알아 두면 좋은 내용들을 주제별로 추려 쉽게 소개하고 있습니다. 파란만장했던 정치사의 뒷이야기와 궁궐 여성들의 이야기, 민중들의 사회사와 종교, 문학, 여성들의 출산, 반려 동물, UFO 이야기에 이르기까지 색다른 소재의 조선사가 가득합니다. 이 책은 청소년들이 우리의 역사를 쉽게 이해하고 받아들이는 데 훌륭한 밑거름이 되어 줄 것입니다.

독서 편식을 막는 독서 분야 나누기

한 분야의 책만 계속 읽는 형태의 독서 편식을 하게 되면 폭넓은 사고를 할 수 없게 됩니다. 다양한 분야의 책을 읽는 것이 중요하죠. 그런데 막상 책을 고를 때 어떤 종류의 책을 읽어야 할지 막막한 경우가 많습니다. 아래와 같이 세 가지 분야로 자신이 읽은 책을 분류해 본다면 내게 부족한 분야가 무엇이고, 앞으로 어떤 책을 읽어야 할지 알 수 있을 것입니다.

세 가지 분야는 다음과 같습니다. 비전 설계 및 전공 탐색을 할 수 있는 독서, 인성 및 가치관을 형성할 수 있는 독서, 상식을 넓히거나 교양을 키울 수 있는 독서입니다. 자신이 읽고 있는 책이 아래 3가지 분야 중 어디에 속하는지 분류하고 기록하면서 세 분야가 균형을 맞출 수 있도록 독서를 계획하여 보기 바랍니다.

(1) 비전 설계 및 전공 탐색 독서

권장 도서 목록에 있는 책만 읽기에도 버거운 것이 우리나라 학생들의 현실입니다. 하지만 다양한 책을 읽으며 꿈을 발견하고 전공 역량을 키워 나가는 것은 영어, 수학 같은 주요 교과의 학습 이상으로 중요합니다. 예를 들어 위인의 전기를 읽고 진로를 구체화하거나 자신만의 비전을 설계해 볼 수 있습니다. 또, 과학이나 외교 등 특정 분야에 관심이 있다면 그 분야의 역량을 기를 수 있는 책을 꾸준히 접하여 시야를 넓힐 수 있습니다. 관심 분야의 신간을 주기적으로 조사한다든지, 관심을 갖고 있는 저자의 다른 작품을 찾아보는 방법으로 전공 탐색 독서를 시작해 보세요.

(2) 인성 및 가치관 형성 독서

독서는 정보 습득 목적 이외에 정서적인 측면을 발달시키는 데에도 매우 큰 역할을 합니다. 자신의 수준에 맞는 책을 통해 그 시기에 필요한 적절한 고민을 하고 그에 대한 답을 찾아가면서 인성과 가치관을 형성할 수 있기 때문입니다. 이러한 과정을 독서 기록을 통해 차곡차곡 쌓으며 스스로 세상에 대한 인식이 달라지고 생각이 깊어지는 것을 느낄 수 있게 됩니다.

(3) 교양 함양 독서

자연 계열에 관심이 있는 학생들은 수학이나 과학 영역에만 흥미를 느끼고, 인문 계열 성향의 학생들은 문학 및 경제, 역사에 관한 책만 읽기 쉽습니다. 하지만 우리가 살아가는 세상은 본래 이분법적으로 나눌 수 있는 것이 아니기 때문에 한쪽으로 치우친 독서 습관이 계속되면 편협한 사고를 할 수 있습니다. 또한 다른 사람과 함께 더불어 살아가기 위해서도 인문·예술·경영·철학·과학·사회 등 다양한 분야의 기본적인 소양을 갖추어야 합니다. 따라서 독서 계획을 세울 때, 평소 접해 보지 않았던 영역의 책 중에서 쉽게 이해할 수 있는 수준의 책을 선정하여 읽는 것이 필요합니다.

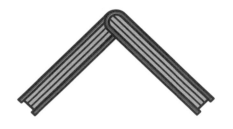

청심국제고등학교
추천 도서

훗날 국제사회를 무대로 일하고 싶은 학생들을 위해
독서와 토론 교육을 강조하며 글로벌 리더에 걸맞은
인성 교육에 힘쓰고 있습니다.

경기도 가평에 자리한 청심국제고는 2006년에 개교한 국제고입니다. 청심국제고의 3대 교육목표는 'ACG'(Altruistic mind in education · Creative knowledge in education · Global leadership in education)로, 이는 각각 이타적 품성 교육, 창의적 지식 교육, 글로벌 리더 전문 교육을 뜻합니다. '이타적 품성 교육'은 글로벌 리더에 걸맞은 인성 교육에 힘쓴다는 것으로 목요음악회, 명사특강, 태권도, 1인 1악기 등의 특색 있는 인성 프로그램들을 운영 중입니다. '창의적 지식 교육'은 과제 연구, 소논문 쓰기, 토론, 발표 등 다양한 형태의 수업으로 이어지고 있습니다. 또 문 · 이과를 넘나드는 통합 수업을 확대시켰죠. 2018년부터 고등학교에서 문 · 이과 통합 교육을 실시하는데, 청심국제고는 이미 이러한 트렌드를 교육에 적용해 왔습니다. 마지막으로 영어 몰입교육과 외국 학교와의 활발한 교류를 통해 '글로벌 리더 전문 교육'이 이루어지고 있습니다. 청심국제고는 전체 교사의 20% 이상이 원어민이고, 영어로 읽고 쓰고 말하는 것이 생활화되어 있어 살아있는 영어 학습이 가능한 학교입니다.

앵무새
죽이기

#영어영문학 #법학 #역사학

      미국의 작가 하퍼 리의 대표작으로 40개 국어로 번역되어 전 세계적으로 4천만 부 이상 판매된 베스트셀러입니다. 이 책의 원래 제목은 'To Kill a Mockingbird'입니다.

    〈앵무새 죽이기〉는 1960년에 출간되자마자 미국 전역에서 선풍적인 인기를 끌었으며, 이듬해 하퍼 리는 퓰리처상을 수상하였습니다. 이 책은 미국의 역사를 이해하고 인권 의식을 키우는 데 큰 도움이 되어 미국 고등학교 교과 과정에도 포함되어 있습니다.

이 책을 추천하는 이유

〈앵무새 죽이기〉는 인종 차별이 극심하였던 미국 남부 앨라배마 주에서 실제 일어났던 사건을 모티프로 한 소설입니다. 젊은 백인 여성의 성폭행범으로 몰린 흑인 청년의 누명을 벗기기 위해 노력하는 한 백인 변호사의 이야기를 담았죠.

이 책은 청심국제고 도서관의 '대출 도서 순위'에서 늘 상위권에 드는 책으로, 졸업생의 추천평을 빌리자면 "어렸을 때와 성장해서 읽었을 때 그 내용이 각각 다르게 읽힌, 비유하자면 양파 같은 책"이라고 합니다. 읽을 때마다 새로운 각도에서 감상할 수 있는 고전 중의 고전으로, 타인을 향한 진지한 성찰을 돕습니다.

또 1930년대 대공황의 영향으로 피폐해진 미국 사회의 모습을 여실히 보여 주고 있습니다. 이로써 독자들은 사회 계층·인종 간의 첨예한 대립을 들여다볼 수 있습니다. 억울한 누명을 쓰고도 단지 흑인이라는 이유만으로 유죄를 받는 청년의 모습은 사람들의 편견이 얼마나 무서운지 실감하게 합니다. 우리는 이를 통해 타인과 사회를 대하는 '나'의 태도가 얼마나 중요한지 깨닫게 되지요. 이 책은 정의와 양심, 용기와 신념이 무엇인지 곱씹어 보게 하고, 더 나아가 스스로를 돌아볼 기회를 제공합니다.

호밀밭의
파수꾼

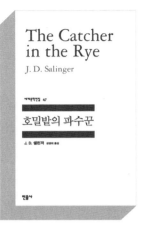

#영어영문학 #교육학 #심리학

　　　　　미국의 작가 제롬 데이비드 샐린저의 대표작으
로, 1951년에 발표된 이래 이제는 고전의 반열에 오른 세계적인 소
설입니다. 이 책의 원래 제목은 'The Catcher in the Rye'입니다.

　　이 책은 발간 직후부터 큰 이슈를 몰고 왔습니다. 학교에서 퇴학
을 당한 문제아가 주인공으로 등장하는 데다가 거침없는 비속어가
나오기 때문에 출간 당시 많은 중·고등 학교에서 금서로 지정되었
습니다. 그러나 지금은 20세기 최고의 베스트셀러이자 청소년들이
가장 많이 찾는 책 중의 하나가 되었습니다. 샐린저는 이 한 권의 장
편소설로 단번에 위대한 작가의 반열에 올랐는데, 철저히 세상과 담

을 쌓고 은둔 생활을 하였습니다. 2000년에는 샐린저의 삶을 모델로 한 영화 〈파인딩 포레스터〉가 개봉되기도 하였습니다.

이 책을 추천하는 이유

이 책은 청심국제고의 독서 수행 평가 목록에 빠짐없이 등장하는 책입니다. 소설은 '홀든 콜필드'라는 16세 소년이 학교에서 퇴학당한 후 집으로 돌아가기까지, 단 2일 간의 이야기를 담고 있습니다. 부유한 집안의 아들이지만 허영과 위선으로 가득 찬 사람들을 견디지 못하는 주인공의 독백이 인상적인 작품이지요. 독자들은 홀든이 정신 병원에 있다는 것을 알지만, 홀든의 눈에 비친 세상을 홀든의 시각 그대로 보게 됩니다. 동시에 그의 영혼이 얼마나 순수한지도 알게 되지요.

주인공 홀든의 성장담을 읽다 보면 '까칠하게 툭 내뱉는 말투, 불안정하지만 그것을 드러내고 싶지 않아 더 세 보이려고 하는 모습' 등에서 요즘 청소년들이 연상되기도 합니다. 이 책은 원서로 읽기 바라는데, 유명한 문학 작품을 원서로 읽으면 수행평가나 입시에도 도움이 되지만, 작가의 의도를 좀 더 구체적이고도 세밀하게 느낄 수 있기 때문입니다. 이 책은 성인이 되어 부딪히게 될 다양한 문제들을 여러 각도에서 탐구해 볼 기회를 제공해 준다는 점에서도 추천합니다.

바보처럼
공부하고
천재처럼
꿈꿔라

#정치외교학 #자기계발 #리더십

　　이 책은 반기문 유엔 사무총장의 어린 시절부터 외교관 시절에 걸쳐 그가 꿈을 이루어 가는 과정을 담고 있습니다. 저자인 신웅진 기자는 외교통상부 담당 기자로서 반기문 유엔 사무총장을 취재하면서 알게 된 내용들을 꿈을 이루어 가는 과정순으로 정리하였습니다.

　　이 책은 끊임없는 노력과 철저한 자기 관리로 꿈을 실현하고, 우리 모두에게 희망과 자부심을 선물한 반기문 유엔 사무총장의 이야기를 통해 이 세계의 청소년들에게 꿈과 희망의 메시지를 전해 줍니다. 초판이 출간된 지 5년만에 연임에 성공한 반기문 총장의 첫 임기의 성과와 비전 등을 추가하여 2012년에는 개정 증보판이 발간되었습니다.

이 책을 추천하는 이유

국제고의 성격상 외교관을 꿈꾸는 학생들이 많은데, 닮고 싶은 롤 모델로 우리나라 최초의 유엔 사무총장인 반기문 유엔 사무총장을 꼽는 경우가 많습니다. 특히 국제기구에서 일하겠다는 꿈을 가진 청소년들은 대부분 그의 삶과 리더십을 본받고 싶어 합니다. 장래희망이 외교 분야와 거리가 먼 학생일지라도 이 책을 통해 성실하고 치열하고 겸손하게 살아온 반 총장의 태도와 인간애에 감동받으면 좋겠습니다.

이 책은 외교관이라는 꿈의 씨앗을 가슴 속에 품은 한 시골 소년이 온갖 역경을 이겨 내고 마침내 유엔 사무총장이 되기까지의 과정을 담고 있습니다. 당연히 책에는 반기문 사무총장의 어린 시절을 비롯해 외교관 시절의 이야기들이 생생하게 들어 있습니다.

청심국제고에서는 진로 관련 도서를 읽도록 권장하고 있는데, 대표적인 저서로 꼽힙니다. 더 많은 학생들이 이 책을 통해 보다 큰 꿈을 가슴에 품고, 하루하루의 소중함을 깨달았으면 하는 바람입니다.

왜 세계의
절반은
굶주리는가?

#정치외교학 #경제학 #사회학

        스위스 출생의 장 지글러 교수는 사회학자로 활동하면서 빈곤과 사회구조의 관계에 대한 글을 의욕적으로 발표하는 저명한 기아 문제 연구자입니다. 또한 우리 시대의 불쾌한 진실을 주저 없이 도마 위에 올리는 작가로도 유명하지요. 2000년부터 유엔 인권위원회의 식량 특별 조사관으로 활동하고 있습니다.

        이 책의 원래 제목은 'La faim dans le monde expliquee a mon fils'입니다. 불평등한 구조를 뛰어넘어 인류가 연대하고 서로 돕는 구조를 만들기를 바라는 저자의 염원이 담겨 있는 이 책은 우리나라의 여러 기관과 단체의 추천 도서로도 인기가 높습니다.

이 책을 추천하는 이유

유엔 인권위원회 식량 특별 조사관인 장 지글러는 〈왜 세계의 절반은 굶주리는가?〉에서 지구촌의 기아 문제를 심도 있게 다루고 있습니다. 그 실태와 원인을 아들과 나누는 대화 형식으로 설명하여 복잡한 현상도 비교적 쉽게 이해할 수 있습니다.

이 책은 전쟁과 정치적 무질서로 구호 조치가 무색해지는 비참한 현실, 소는 배불리 먹는데 사람은 굶는 모순된 현실을 날카롭게 보여 주며 인류가 나아갈 길을 제시합니다. 사실 오늘날처럼 먹거리가 넘쳐나는 '식량 과잉 시대'에 굶어 죽는 아이들이 있다는 것이 먼 나라의 일처럼 느껴질 수도 있습니다. 그러나 실상은 그렇지 않습니다. 당장 우리 주변만 둘러봐도 영양실조에 시달리는 북한 아이들을 생각할 수 있습니다.

책을 읽다 보면 식량 공급에 얽힌 각종 이해 집단의 정치적·경제적 논리도 살펴볼 수 있고, 사막화와 삼림 파괴, 도시화와 식민지 정책, 불평등을 야기하는 금융 지배 등 갖가지 사회 현상이 얼마나 복잡하게 얽혀 있는지도 알 수 있습니다. 이 책은 타인의 아픔에 공감하는 감수성을 일깨워 주고, 지구촌의 한 구성원으로서 지켜야 할 도리를 생각해 보게 합니다.

유시민의
글쓰기
특강

#국어국문학 #교육학 #법학

　　작가 유시민의 글쓰기 노하우를 볼 수 있는 책으로, 저자의 글쓰기 강연을 바탕으로 만들어졌습니다.

　　첫 문장을 시작하는 법부터 주제를 제대로 논증하는 법, 글쓰기에 도움이 되는 전략적 도서 목록 등 실용적인 정보가 알차게 담겨 있습니다. 특히 고전 작품부터 헌법재판소 결정문까지, 다양한 예문을 사용하여 잘 쓴 글과 못 쓴 글을 비교하여 자칫 어렵고 추상적으로 느껴질 수 있는 글쓰기 원칙과 이론을 쉽고 흥미진진하게 이해할 수 있습니다. 같이 읽으면 좋은 저자의 책들로는 〈유시민의 공감필법〉, 〈표현의 기술〉 등이 있습니다.

이 책을 추천하는 이유

국제고는 글쓰기 과제가 많습니다. 읽고 생각하고 쓰고, 읽고 토론하고 또 쓰고, 이렇게 뭔가를 쓰는 것이 일이지요. 어떻게 하면 글을 잘 쓸 수 있을지, 그 비법이 궁금한 친구들에게 추천해 주고 싶은 책입니다. 이 책은 글쓰기의 기본을 설명하면서도 저자의 경험담과 좋은 글, 못난 글의 사례를 다양하게 다루고 있어서 실전 지침서로 유용합니다.

글쓰기 책은 쓸모가 많습니다. 고등학교 거의 모든 과목에서 수행 평가가 확대되고, 글쓰기 능력을 발휘해야 할 상황이 많기 때문이지요. 비판적 독후감, 자기주장을 설득력 있게 정리한 발표문 등이 그 예입니다. 무엇보다 입시에서 자기소개서의 위력은 굳이 설명하지 않아도 이제는 상식이 되었죠. 글쓰기 능력이 곧 경쟁력인 시대인 만큼 관련 도서를 한 번쯤 읽어 볼 것을 권합니다.

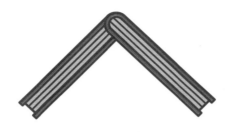

포항제철고등학교
추천 도서

포항제철고는 개개인의 역량을 강화하는 교육을 지향하고 있어 학생들도 다양한 진로를 준비하고 있으며, 이에 따라 읽는 책의 종류도 매우 다양합니다.

포항제철고는 포스코교육재단이 설립한 전국 단위 자사고로 '원조 자사고'라는 별명이 붙은 곳입니다. 포항제철고는 1981년 3월 개교한 이래 지금까지 지역의 명문으로 자리매김해 왔습니다. 그런가 하면 이미 10년 전에 R&E(관심 분야에서 연구 주제를 정한 뒤 대학과 연계해 진행하는 연구 과제)를 도입한 'R&E 원조'이기도 합니다. 덕분에 재학생들은 인근에 있는 포스텍(포항공과대학교)에서 실험을 하고 연구 지도도 받는다고 합니다. R&E가 시작되었을 당시만 해도 대입에서 수시 전형이 차지하는 비중은 지금처럼 높지 않았습니다. 수능의 영향력이 그만큼 컸던 때라 학생 개개인의 역량을 강화하는 교육에 공을 들이는 학교가 그다지 많지 많았지요. 포항제철고는 뚝심 있게 교육 실험을 지속한 결과 현재 수시 학생부종합전형의 강자로 우뚝 섰습니다.

소피의
세계

#철학 #영어영문학 #교육학

           1991년에 발표된 이래 세계적으로 꾸준히 사랑받아 온 노르웨이의 작가 요슈타인 가아더의 대표작으로, 60개 언어로 번역되어 전 세계에서 가장 많이 읽히는 철학책입니다. 이 작품은 사춘기 소녀 소피를 통해 인생과 우주의 본질에 대한 질문을 소설 형식으로 풀어 쓴 철학 입문서로 철학의 대중화에도 크게 이바지하였습니다.

    이 작품은 다양한 예화와 문제 제기를 통해 독자들에게 철학적 의문을 품게 하며, 철학을 우리의 삶에 보다 가까이 끌어와 철학적 삶과 태도에 대한 동경을 불러일으킵니다. 노르웨이에서 영화로 제작된 적이 있으며, 오스트레일리아에서는 TV시리즈로 제작된 바 있습니다.

이 책을 추천하는 이유

이 책은 철학 이론서와 판타지 소설이 결합한 색다른 장르의 철학책입니다. 철학을 대중에게 쉽게 전달하기 위해 통속적으로 서술한 다른 철학책들과 달라 "철학에 아름다운 옷을 입혔다."라는 찬사를 받기도 하였지요. 책을 통해 고대와 중세, 근대 철학에 이르는 방대한 서양 철학 이론을 촘촘히 접해 볼 수 있습니다.

"나는 누구인가, 나는 어디에서 와서 어디로 가는가, 이 세상은 어떻게 생겨났다 사라지는가?"라는 궁금증을 한 번이라도 가져 본 학생이라면 이 책에서 신선한 충격을 받을 것이라 기대합니다. 주인공인 10대 소녀 '소피'의 이야기를 읽다 보면 '나와 나를 둘러싼 현실 세계의 존재들은 소설 속 존재들보다 나은가? 내가 살고 있는 세계는 소피의 세계와 달리 명백하고 확고한 것인가?'라는 물음을 갖게 됩니다. 그리고 그동안 당연시해 온 세상의 존재들을 낯설게 느끼는 것이야말로 철학적 사유의 출발이자 본질이라고 할 수 있습니다. 포항제철고의 융합 수업도 사고의 깊이와 넓이를 키우는 데 목적이 있다는 점에서 이 책을 필수로 읽어 볼 것을 권합니다.

맨큐의
경제학

#경제학 #경영학 #사회교육학

하버드대 경제학과 교수인 그레고리 맨큐가 1997년에 출간한 저서입니다. 초판 출간 이래로 전 세계 수많은 대학에서 경제학 전공교재로 또는 교양교재로 많이 채택하고 있을 정도로 경제학 전공자들에게는 바이블과 같은 책입니다.

이 책은 경제학의 기본원리를 10대 원리로 정리하였으며, 각종 사례와 신문기사를 동원해 경제 현상을 알기 쉽게 풀이한 것이 특징입니다. 특히 저자는 학생들이 경제학에 친숙하게 다가가게 하기 위해 복잡한 설명이나 산만한 내용을 배제하고 간결한 문장으로 집필하였으며, 각 장의 끝부분에는 '복습문제'와 '응용문제'를 제시하여 본문에서 배운 내용을 제대로 이해하였는지 확인할 수 있도록 구성하였습니다.

이 책을 추천하는 이유

이 책은 분량도 많고 내용도 딱딱한 경제학 이론서입니다. 그럼에도 권장 도서로 선정한 이유는 수능이나 논술 시험에 종종 인용될 뿐만 아니라 경제 교과서의 대명사로 꼽히기 때문입니다. 이 책은 경제학 이론을 체계적으로 습득하는 데 길잡이가 되어 줍니다. 경제학은 우리가 살고 있는 세상을 이해하는 데 밑바탕이 됩니다. '조세 제도를 바꾸면 국민들이 어떤 부담을 지게 될까, 다른 나라와 자유 무역을 하면 어떤 효과가 나타날까, 재정 적자는 경제에 어떤 영향을 줄까, 환경을 보호하는 최선의 방법은 무엇일까?' 등 당장 뉴스를 보며 갖게 되는 궁금증만 해도 모두 경제와 관련 있는 것들이 많습니다. 본문을 읽기 부담스럽다면 목차만이라도 훑어본 뒤 책장에 꽂아 놓고, 관련 이슈가 있을 때마다 배경 이론을 찾아볼 것을 권합니다.

이 책은 세계적인 석학이 쓴 원론서이지만, 교양과 전공의 경계를 넘나들며 다양한 사례를 드는 방법으로 생생한 지식을 전합니다. 고등학교에 들어오면 다양한 주제를 가지고 수행 평가를 하는데, 참고 도서로 활용하기에 좋았다는 평도 있습니다.

하리하라,
미드에서
과학을 보다

#과학교육학 #생명과학 #화학

　　저자 이은희는 교양으로 꼭 알아야 할 현대 과학의 성과들을 누구나 쉽게 이해할 수 있도록 설명해 주어 과학의 대중화에 앞장선 과학 커뮤니케이터입니다. 다양한 매체와 인터넷에서 '하리하라'라는 필명으로 유명한 칼럼니스트이지요. '하리하라'는 인도 신화에서 빛, 시작, 창조의 신 비쉬누와 어둠, 끝, 파괴의 신 시바가 합쳐진 의미를 담고 있다고 합니다.

　　책에는 미국 범죄 수사 드라마에서 소재로 등장했던 과학적 지식들이 들어 있어 누구나 흥미롭게 과학에 접근할 수 있습니다. 그 외에도 〈프리즌 브레이크〉, 〈그레이 아나토미〉, 〈하우스〉 등 인기 최고의 미국 드라마에 나오는 가장 흥미로우면서도 중요한 과학 원리와 이론을 담고 있습니다.

이 책을 추천하는 이유

포항제철고에서는 연구 과제 활동이 활발합니다. 연구 과제라고 하면 주제가 딱딱하고 어려울 것이라는 생각이 들겠지만, 재학생들에 따르면 말랑말랑하고 참신한 소재들이 연구의 재미와 활기를 불어넣어 준다고 합니다. 하리하라 사이언스 시리즈는 과학 이론이 실생활 및 사회 이슈와 만나 얼마나 다양한 얼굴을 드러내는지 잘 보여 줍니다. 그런 점에서 과학 연구 과제에 신선한 자극제가 되지 않을까 생각합니다. 5권으로 구성된 시리즈 중 〈하리하라, 미드에서 과학을 보다〉는 범죄 수사 드라마를 통해 일상 속 숨은 과학 지식을 보여 줍니다. 〈하리하라의 과학 블로그 1, 2〉는 사이비 과학과 진짜 과학을 구별하는 '과학적 판단력'을 키워 주고, 〈하리하라의 청소년을 위한 의학 이야기〉는 21세기 과학 패러다임을 이끈 의학자들의 연구 내용을 통해 의학사를 되짚어 봅니다.

연구 역량을 키우려면 상상력과 호기심이 풍부해야 합니다. 하리하라 시리즈는 과학이 인간 사회에 어떻게 응용되는지 다양하게 보여 줌으로써, 인간이 지식의 한계를 넘어서는 과정을 증명해 보입니다.

메모
습관의
힘

#문헌정보학 #교육학 #자기계발

메모 및 노트 쓰기와 관련된 블로그 글로 인터넷
포털 사이트와 SNS를 뜨겁게 달궜던 저자 신정철의 비범한 메모와
노트 습관이 고스란히 담겨져 있는 책입니다. 그는 전문적 글쓰기 수
업을 받은 적이 없지만 메모의 중요성과 실제 활용할 수 있는 팁을
제공하면서 많은 사람들의 호응을 받았습니다.

책은 총 4부로 구성되어 있는데 1부에서는 '일과 삶이 달라지는
메모의 힘을, 2부 '창의는 어디에서 오는가'에서는 창의성을 부르는
메모, 생각의 재료를 수집하는 메모, 메모 리딩, 아이디어를 완성하
는 글쓰기에 대해 설명하고 있습니다. 3부 '메모하고, 글 쓰고, 공유

하라'에서는 소셜 미디어와 메모를, 4부 '메모 습관은 삶을 바꾼다'에서는 메모는 습관이자 행복이며 성찰이라는 것을 말하고 있습니다. 메모의 비결을 알려 주는 책입니다.

이 책을 추천하는 이유

공부할 때 이뤄지는 중요한 활동 가운데 하나가 읽거나 들은 것을 메모(노트)하는 것입니다. 중요한 것을 기억하고, 이를 잊었을 때 쉽게 찾아서 확인하는 것은 학습에 큰 도움이 됩니다. 저자는 메모가 단순한 암기 수단이 아님을 강조하며, 창의성의 원천으로서 그것이 갖는 효용과 가치를 설명합니다. '칸트, 니체, 정약용, 잡스' 등 위대한 리더들은 모두 메모광이었다고 합니다. 창의력은 이질적인 생각들이 충돌하다가 연결될 때 실현되는데, 이때 메모는 효과적인 도구로 작용합니다. 이 책은 흩어져 있던 단순한 정보들이 어떤 과정을 거쳐 창의적 결과물로 탄생되는지 보여 줍니다. 또 이를 통해 메모가 우리의 삶을 변화시키고 성장시켜 준다고 주장하죠.

무엇보다 이 책은 메모 기술을 전수해 주는 것에서 나아가 학업에 대한 욕망을 불러일으켜 줍니다. 고등학생들은 내신 관리와 비교과 활동을 병행하느라 무척 분주할 텐데, 이러한 과정들을 메모로 기록해 두면 새로운 결실을 맺는 데 도움이 될 것입니다.

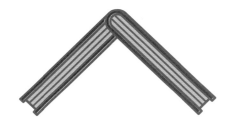

한양대학교사범대학
부속고등학교 추천 도서

한대부고에서는 탐구 도서 목록을 공지하면 학생들
이 원하는 책을 신청하고, 이후 선생님들과 팀을 이
루어 독서 활동을 해 나가고 있습니다.

1960년에 개교한 한대부고는 서울권 자사고로, 특히 한양대학교와 연계한 교육 프로그램을 활발히 진행하는 것으로 유명합니다. 이러한 점 때문에 서울 동북 지역의 중학생들에게 인기가 높죠.

한대부고에서는 별도로 3명의 진학 컨설턴트가 학생부 관리와 입시 전략 수립을 담당하고, 4명의 자율 학습 교사가 자율 학습 분위기 조성과 학습 지도를 맡고 있습니다. 진학 컨설팅은 학생들의 신청을 받아 1대 1로 진행하며, 학교생활기록부 관리 방향도 세심하게 안내해 줍니다. 또 학생의 내신 및 수능 수준을 분석하여 진학하려는 학과 정보와 입시 정보를 수합해 대학 진학 전략을 수립해 주고, 최근 입시에서 중요하게 떠오른 수시 학생부종합전형에도 적극적으로 대비하고 있습니다. 한편 자율 학습은 애플리케이션을 통해 출결 정보를 학생 및 학부모에게 실시간으로 전달함으로써 철저하게 관리하고 있습니다.

생명의
수학

#수학 #생명과학 #화학

　'영국에서 가장 뛰어난 수학 저술가'라는 평을 받는 이언 스튜어트가 집필한 책으로, 그는 이 책을 통해 수학적인 영감을 생명과학에 응용하는 일이 얼마나 중요한지 알려 주고 있습니다. 따라서 책 내용도 수학적인 기술과 관점이 어떻게 생명을 이해하는 데 적용되는지를 차례차례 보여 주고 있습니다. 즉 수학과 생명과학의 관계, 생명의 긴 목록, 꽃에서 찾은 수학, 생명의 분자, 4차원에서 온 바이러스, 반점과 줄무늬, 정보망 형성, 플랑크톤 역설 등의 내용으로 구성되어 있습니다.

　저자는 책에서 "생명이란 무엇인가? 라는 인식은 현미경, 생물

분류법, 진화론, 유전자, DNA 구조의 등장이라는 다섯 차례의 혁명을 통해 극적으로 바뀌었다. 여기에 수학이라는 여섯 번째 혁명이 다가왔다."고 말하며, 생명과학에서 수학의 역할이 매우 중요해지고 있다고 강조합니다.

이 책을 추천하는 이유

수학과 생명과학이 융합된 '수리 생명과학'에 대해 혹시 들어 본 적이 있나요? 요즘 과학계에서는 수리 생명과학이 화젯거리로 떠오르고 있습니다. 이미 신약 개발, 유전학 등 다양한 곳에서 쓰임새를 인정받아 융합형 학문의 대표 주자로 꼽히고 있죠.

이 책은 수학 이론이 생명과학에 적용된 사례를 흥미롭게 보여 줌으로써 수리 생명과학이 어떤 학문인지 알려 줍니다. '린네의 분류법'은 식물의 기관 수를 세는 것에서 착안하였고, 유명한 '멘델의 완두콩 실험'은 식물 개체들의 수학적 패턴을 활용하여 얻어 낸 것이었죠.

한대부고에서는 다양한 특강과 NIE 활동이 진행되는데 이러한 수업을 통해 수학과 생명과학의 융합이 매우 뜨거운 주제임을 알 수 있습니다.

멈추면,
비로소
보이는 것들

#자기계발 #상담학 #심리학

　　편안하고 따뜻한 소통법으로 많은 이들에게 위로
와 용기의 메시지를 전달하는 혜민 스님의 대표작입니다.
　'지금, 나는 왜 바쁜가?, 용서하세요, 행복하고 의미 있는 삶을 위
하여, 인생 너무 어렵게 살지 말자, 사랑 내가 사라지는 위대한 경험,
내 마음과 친해지세요, 같이 행복한 것이 더 중요합니다, 진리는 통
한다' 등 생각해 볼 수 있는 내용들이 들어 있으며, 살면서 마주하는
문제들을 하나하나 해결해 나갈 수 있도록 도와 줍니다. 마음이 힘들
때, 위로받고 싶을 때, 용기 내고 싶을 때 펼쳐보면 좋은 책입니다.

이 책을 추천하는 이유

우리는 모두 살면서 한 번쯤은 힘들고 지쳐 주저앉고 싶을 때를 마주하게 됩니다. 특히 학교에 다니다 보면 친구와의 갈등, 학업 및 진로에 대한 고민과 스트레스로 방황하기 쉽죠.

이 책의 저자 혜민 스님은 "바로 이럴 때 필요한 것이 잠깐의 휴식과 자기 자신에 대한 사랑이다."라고 말합니다. 타인과 '나'를 비교하지 않고, 나 자신을 있는 그대로 바라보고 존재 자체만으로도 소중하다고 여겨야 한다고 강조하죠.

미래에 대한 막연한 불안감은 심신을 지치게 합니다. 이 책은 여러분에게 긍정적인 생각을 심어 줌으로써 편안한 마음과 용기를 갖게 할 것입니다.

에밀 뒤르켐의 자살론

#사회학 #철학 #상담학

19세기 프랑스의 사회학자인 에밀 뒤르켐[1858~1917]이 쓴 책으로, 현대인들의 사망 원인 중 하나인 자살을 개인의 문제가 아니라 사회적 현상으로 보고 그 원인과 대책을 설명한 사회학의 고전입니다.

에밀 뒤르켐은 다양한 자료와 통계를 분석함으로써 자살을 사회학적으로 접근하여 우리가 자살에 대해 가지는 궁금증에 대해 설명하고 있습니다. 책에서 그는 다양한 자살의 원인과 여러 가지 조건에 따른 자살률의 변화, 그리고 자살을 방지할 수 있는 방법까지 프랑스 및 인근 지역의 자살 통계와 자료를 활용하여 밝히고 있습니다.

총 3부로 구성되어 있으며, 1부에서는 비사회적 요인, 2부에서는 사회적 원인과 사회적 유형, 3부에서는 사회 현상으로서 자살의 일반적 성격에 대해 기술하고 있습니다.

이 책을 추천하는 이유

자살의 원인과 징후는 무엇일까요? 이 책은 사회적 문제인 자살에 대해 심층적으로 이해할 수 있게 해 줍니다.

저자는 자살을 연구함에 있어 사회학적 틀을 활용하였습니다. 자살의 원인을 가난과 고통, 권태와 우울, 명예 등으로 다양하게 분류하고, 연령 및 거주 지역, 기후와 건강, 결혼의 유무에 따른 자살률의 변화를 분석하였죠.

이러한 접근은 사회 현상을 분석하는 데 필요한 냉철함과 종합적인 사고를 보여 줍니다. 물론 이 책은 19세기에 쓰인 만큼 당시 사회에 대한 배경지식이 필요합니다. 책을 읽으며 그 시대를 알아 가고, 현대 사회와 비교해 보는 과정도 의미 있을 것입니다.

하리하라의
청소년을 위한
의학 이야기

#의학 #보건학 #생명과학

　'하리하라'라는 필명으로 활동하고 있는 베스트셀러 과학저술가 이은희는 청소년들을 위해 어렵고 막연하게만 생각하고 있던 의학 분야에 대해 친근하게 다가갈 수 있도록 관련 내용을 구성하였습니다.

　이 책은 1901년부터 114년에 이르는 노벨 생리의학상 수상자와 그 연구 내용 중에서, 과학사적으로나 인류사적으로 의미 있고 관심이 높은 25가지 주제를 선정하여 자세히 설명해 주고 있습니다. 이 책을 통해 불치병이라 생각했던 질병의 근본적인 원인을 찾고, 다양한 치료법을 알아내어 인류의 생명을 구한 업적이 훗날 우리의 삶을 어떻게 바꾸어 놓았는지 살펴볼 수 있습니다.

청소년들은 단순히 의학사를 살펴보는 것을 넘어 과학자들의 치열한 연구와 도전을 통해 어떻게 인간이 지식의 한계를 극복하고 새로운 것을 발견해 나가는지 배울 수 있을 것입니다.

이 책을 추천하는 이유

오늘날 우리가 누리는 의학 지식과 기술은 어떻게 얻어진 걸까요? 이 책은 노벨 생리의학상 수상자들의 업적을 바탕으로 인류를 구원해 낸 의학의 결정적 순간들을 보여 줍니다. 이를 위해 청소년들에게 익숙한 주제를 선별해 생리학, 병리학, 유전학 등 여러 분야의 의학 지식을 친근하게 전달하죠. 책을 읽다 보면 질병의 발생 원리, 유전자, 신경 등에 대한 지식과 의료 기술의 원리를 알 수 있습니다.

이 책에는 연구 결과를 얻기 위해 끝없이 노력했거나, 그 결과가 널리 인정받을 때까지 참고 기다린 의학자들의 사례도 자세히 소개되어 있습니다. 이들을 본받아 어떠한 어려움이 있어도 과학적 진리를 추구하겠다는 다짐을 새겨 볼 수도 있을 것입니다. 미래의 의학계에서 일하고자 하는 청소년들이라면 반드시 읽어 보길 권하며, 생명과학 및 의학에 관심이 있는 친구들에게도 이 책을 추천합니다.

완벽한
공부법

#교육학 #심리학 #자기계발

        이 책은 '모든 공부의 최고의 지침서'라는 부제를 달고 있을 정도로 공부 방법에 대한 모든 것을 담고 있습니다. 특이한 점은 박사와 독학자라는 뚜렷이 대비되는 학습자 둘이 각자의 입장에서 저술했다는 점입니다. 신영준 박사는 싱가포르국립대학에서 박사학위를 받고 200회 이상 인용되는 수많은 논문을 썼고, 고영성 작가는 대학교를 중퇴한 후 1년에 200권 이상의 책을 읽고 하루에 수십 개의 보고서와 논문을 읽으며 홀로 공부한 독학자입니다.

        공부의 본질에 그 어떤 책보다 가깝게 다가섰으며, 학습자들의 고민을 담아 그 해답을 과학적 근거와 실제 사례를 통해 제시하였고,

새로운 공부지식과 정보, 실질적으로 도움이 되는 공부법을 종합적으로 알려 주는 책입니다.

이 책을 추천하는 이유

공부법에 관한 책 중에 상당수는 개인의 특정 경험을 과학적 근거 없이 일반화시키거나 공부를 '시험'이라는 협소한 영역에 국한시키고 있습니다. 그래서 읽고도 별로 큰 효과를 보지 못하는 경우가 많지요. 하지만 이 책은 공부를 대하는 마음가짐을 비롯해 사회성과 창의성을 기르는 비결을 알려 줌으로써 근본적인 도움을 줄 수 있습니다.

저자는 책에서 '어떻게 공부를 할 것인가'에 대해 교육학, 인지심리학, 뇌 과학, 행동 경제학 등이 밝혀낸 이론을 통한 과학적 접근뿐만 아니라 실제 수천 명의 학생 및 직장인들과의 상담을 통해 경험적으로 입증된 실전 노하우를 담고 있습니다. 공부를 좋아하는 자세를 갖고 싶은 모든 친구들에게 이 책을 추천합니다. 책을 읽다 보면 그 길이 가깝게 다가올 것입니다.

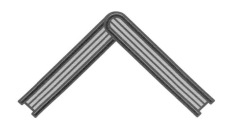

한일고등학교
추천 도서

한일고에서는 독서 활동을 중요하게 생각하며, 어떤
책을 읽고 독서 후 어떤 모습으로 변화하였는지 평가
합니다.

1987년 개교한 한일고는 충남을 대표하는 입시 명문 농어촌 자율학교입니다. 농어촌 자율학교는 도심에서 떨어져 있는 만큼 대부분의 학생들이 기숙사 생활을 하며, 교육 과정, 학생 선발 등에서 자율성을 가질 수 있도록 지정한 학교입니다.

자율학교답게 한일고는 다양한 교육 프로그램을 운영하고 있습니다. 특히 인성 교육을 강조하여 사람을 하늘처럼 섬기라는 '사인여천(事人如天)'과 실제로 몸소 이행하라는 '실천궁행(實踐躬行)'의 창학 정신을 반영한 '화랑 교육 프로그램'이 유명합니다. 여기에는 명사초청특강, 봉사의 날, 경로효친행사, 의료봉사, 해외문화교류, 충무공전첩지순례 등의 행사가 포함되는데, 인성을 갖춘 리더들을 배출하겠다는 학교의 의지가 돋보입니다.

한일고는 학생들 스스로 운영하는 프로그램들도 많습니다. 학생들의 다양성을 존중하여 누구나 자율 동아리를 만들 수 있고, 토요일 오전 시간을 통째로 동아리 운영 시간으로 지정하여 학생들의 꿈과 끼를 발산할 수 있습니다.

삼국 시대
사람들은
어떻게
살았을까

#역사학 #인류학 #문화학

한국사 전문 연구 단체 한국역사연구회에서 집필하였으며, 삼국 시대 사람들의 생생한 생활상을 보여 주는 책입니다.

삼국 시대 사람들의 삶에 초점을 맞추면서 당시의 역사상을 독자들이 재구성할 수 있도록 내용을 구성하였습니다. 총 5가지 영역을 소개하고 있는데, 첫 번째는 '삶의 밑바탕'이라는 주제로 당시의 의식주 문화를 다루며, 두 번째는 '삶의 애환'이라는 주제로 당시의 축제와 놀이, 사랑, 결혼, 살림살이 등을, 세 번째는 '생업과 터전'이라는 주제로 당시의 시장, 도성, 인구조사 등을, 네 번째는 '나라의 경계를 넘어서'라는 주제로 전쟁과 여행, 무역을 설명하고 있습니다. 마지막 다섯 번째는 '고대사회의 이모저모'라는 주제로 당시의 과학, 정치, 종교 등을 이야기합니다. 또 도판 자료와 자세한 설명을 곁들여 독자들의 이해를 도와 줍니다.

이 책을 추천하는 이유

한국역사연구회가 소개하는 도서 시리즈 '○○시대 사람들은 어떻게 살았을까'의 삼국 시대 편입니다. 저자는 이 책에서 삼국 시대의 구체적인 생활상을 소개하며 당시 사회와 경제 모습을 보여 주죠.

시중에서 인기를 끄는 역사서 중에는 사실 관계를 왜곡하거나 야사(민간에서 사사로이 기록한 역사)에 근거하여 쓰인 것들이 꽤 많습니다. 이들은 흥미를 끌기는 쉽지만 올바른 역사 인식을 갖게 하는 데 부족함이 있습니다. 반면에 정확한 사료에 근거하여 서술된 책들은 어렵고 딱딱하여 쉽게 읽히지 않는 문제점이 있습니다. 이 책은 탄탄한 역사 고증을 바탕으로 하되, 소소한 생활사로 친근감을 전해 두 마리 토끼를 잡았다는 평가를 받습니다. 역사에 관심과 흥미가 없는 학생들에게 역사 입문서로 이 책을 추천합니다.

이 말은
어디에서
왔을까?

발칙하고 에로틱한 그리스 로마 신화편

이 말은
어디에서 왔을까?

#영어영문학 #역사학 #인류학

영어를 모국어로 사용하는 나라에서는 초등학교 때부터 그리스 로마 신화를 배운다고 합니다. 가장 큰 이유는 언어 때문인데, 영어가 로마어, 즉 라틴어에서 파생되었고, 라틴어의 많은 부분이 로마인들이 받아들인 그리스 신화에 바탕을 두고 있기 때문이지요. 한글을 이해하기 위해서 한자를 배워야 하듯이 영어를 제대로 이해하기 위해서는 그리스 로마 신화를 이해해야 합니다.

이 책은 출판사 편집자 출신의 저자가 그리스 로마 신화에 나오는 다양한 이야기들 속에서 영어의 어원이 되는 재미있는 사례들을 추출한 매우 감각적인 책입니다. 부록으로 신화에서 유래한 행성의 이름, 그리스어, 로마어, 영어 이름 대조표, 올림포스 신들의 관계도를 제공하고 있어, 그리스 로마 신화에 관심이 있는 학생들에게 매우 큰 도움이 될 수 있는 책입니다.

이 책을 추천하는 이유

우리가 사용하는 영어 단어의 상당수는 그리스 로마 신화에 그 뿌리를 두고 있습니다. 오늘날 문화·예술·산업 등 각종 영역에서 쓰이는 영단어의 기원을 찾다 보면 그리스 로마 신화에 등장하는 라틴어에 이르는 경우가 많지요. 따라서 이들 단어의 뜻을 파악한다면 여기서 파생된 영단어의 의미가 더욱 뚜렷이 각인될 것입니다.

저자는 이 점에 착안해 그리스 로마 신화를 소재로 하여 영단어의 의미와 활용을 설명합니다. 예를 들어 'Herald'가 어떻게 신문사를 대표하는 명사가 되었는지, 건강 음료의 이름이 왜 '박카스'인지 신화 속 에피소드를 통해 설명하죠. 이 책을 읽는 독자들은 그리스 로마 신화에 대한 배경지식과 더불어 영어에 대한 흥미를 높일 수 있을 것입니다.

세상에서
가장 쉬운
통계학입문

#수학 #통계학 #경제학

　　통계학은 사회과학적인 방법으로 가장 많이 사
용되는 수학 분야입니다. 실제 생활에서 볼 수 있는 버스시간표, 주
식 지표, 선거의 출구조사 등을 통해 통계의 원리와 중요성을 알려
주며, 통계학이 생활과 얼마나 밀접한 관계가 있는지 알게 하죠. 더
나아가 기업의 성장률, 주식의 월평균수익률 등의 예를 통해 금융 상
품의 우열을 가릴 수 있는 안목도 기를 수 있습니다.

　　저자는 일본의 경제학 교수인 고지마 히로유키로, 일반인들도 통
계를 쉽게 접할 수 있도록 어려운 공식과 기호 대신 중학교 기초수
학만으로 이해할 수 있게 설명하고 있습니다. 총 21개 강의로 구성

되어 이루어져 있고, 강의마다 끝에 연습문제를 실어 공부한 내용을 확인할 수 있게 하였습니다.

이 책을 추천하는 이유

매일 수없이 쏟아지는 데이터와 수치들 속에서 의미 있는 정보를 뽑아내고 그 정보를 분석하여 성공 전략을 짜기 위해 필요한 것이 바로 통계입니다. 개인이나 기업이나 국가나 무한경쟁의 시대에 살아남기 위해서는 미래를 정확히 예측할 수 있는 통계에 밝아야 한다고 합니다.

이 책은 중요하지만 어렵게만 느껴지던 통계학의 원리를 알기 쉽게 정리한 책입니다. 통계학 가운데서도 가장 필수 영역으로 꼽히는 '검정'과 '구간 추정'을 흥미롭게 다루고 있어, 고등학교에서 배우는 '확률과 통계'의 배경지식을 쌓기에도 손색이 없죠. 저자는 어려운 공식과 기호 대신 사칙 연산과 제곱, 루트, 일차방정식만을 사용해 통계학을 이해하는 열쇠인 표준 편차*를 설명합니다. 수학을 좋아하고 통계학에 관심 있는 학생들에게 추천합니다.

---

* **표준 편차** 자료의 분산 정도를 나타내는 수치. 분산의 양의 제곱근으로, 표준 편차가 작은 것은 평균값 주위의 분산의 정도가 작은 것을 나타낸다.

통찰

자연, 인간,
사회를 관통하는
최재천의 생각

#생명과학 #동물학 #미생물학

　　과학의 대중화를 위해 힘쓰는 생명과학자 최재천 교수가 집필한 책으로 자연과학적 관찰과 인문학적 성찰, 학자로서의 경험과 일상에서 얻은 사소한 깨달음들을 쉼 없이 교차시키며 우리 세계에 대한 통찰을 보여 줍니다.

　　최재천 교수는 2002년 '통섭'이라는 개념을 소개하며 우리 사회에 큰 영향을 주었는데, 이 책 역시 자연과학과 인문학을 아우르는 통섭의 시각에서 기술되어 있습니다.

　　전체 4부로 구성되어 있으며, 1부 '생명'에서는 지구 위 생명들의 놀라운 모습을, 2부 '인간'에서는 엄지손가락부터 발, 얼굴, 눈물, 웃

음 등 인간의 몸에 대한 설명을, 3부 '관계'에서는 개별 생명체들이 서로 어떻게 관계를 맺으며 살아가고 있는지를 들려 줍니다. 4부 '통찰'에서는 자연과학과 인문학을 아우르면서 우리 삶의 다양한 현상과 문제들을 바라보는 새로운 시각과 해법을 제시하고 있습니다.

이 책을 추천하는 이유

과학자 중에서 글을 잘 쓰기로 유명한 최재천 교수의 책입니다. 저자는 해박한 지식과 명쾌한 글 솜씨로 '생명, 인간, 관계, 통찰'에 관한 생각을 이야기하고 있습니다. 독자들은 책을 통해 '자연, 인간, 사회'를 관통하는 과학자의 깊이 있는 시선을 엿볼 수 있습니다. 바이러스나 곰팡이 같은 작은 미생물부터 침팬지, 인간, 그리고 경제와 복지 문제 같은 다양한 사회 환경까지 종횡무진 누비는 저자의 눈을 따라가다 보면, 세계에 대한 놀라운 통찰에 다다를 수 있을 것입니다.

자투리 시간을 활용해 읽기에 부담 없고, 과학자의 글쓰기 표본을 잘 보여 주는 책이라는 점에서 추천합니다.

수학
귀신

#수학 #교육학 #아동학

　　　　　　독일의 유명한 작가인 한스 마그누스 엔첸스베
르거가 십 대인 딸을 위해 집필한 책으로, 수학을 싫어하는 한 소년
이 밤마다 수학 귀신을 만나 수학의 원리를 깨닫는 수학동화입니다.
　수학 귀신과 소년의 단순하면서도 재미있는 대화를 통해 인수분
해, 거듭제곱, 무리수, 제곱근 등의 수학의 원리를 쉽게 일러주며, 수
학의 세계와 꿈의 세계가 서로 교차되도록 발상하여 비현실적 수학
의 세계를 흥미롭게 묘사하고 있습니다. 그리고 어려운 수학 용어도
쉽고 재미있는 말로 바꾸어 써서 독자들의 흥미를 이끌고 있습니다.
예를 들면 거듭제곱은 깡충뛰기로, 제곱근은 뿌리뽑기로, 조합은 자

리 바꾸기로 쓰고 있지요.

또한 주인공 로베르트와 수학 귀신이 처음에는 묘한 신경전을 벌이다가 나중에는 서로 정이 들게 되는 과정도 이 책에 이야기로서의 재미를 더해 줍니다.

이 책을 추천하는 이유

수학을 싫어한다고 스스로 믿고 있는 학생들도 한 번 읽어 보면 수학에 대한 관심을 가질 수 있는 책입니다. 그리고 저자의 표현력은 일단 이 책을 손에 든 사람이라면 끝까지 단숨에 읽어 내려가게 할 만큼 매력적입니다.

이 책에서는 수학의 원리들을 초·중학생들의 수준에 맞춰 이해하기 쉽게 다루고 있어, 수학을 많이 어려워하는 학생들이 읽기에 적합한 책으로 추천합니다.

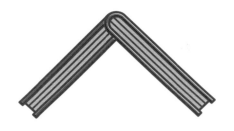

현대고등학교(서울)
추천 도서

현대고는 창의적 인재의 덕목으로 체덕지(體德智)의
조화로운 발전을 강조하며, 1학년부터 전교생에게
독서 교육을 강조하고 있습니다.

현대고는 서울 강남 중심에 자리한 서울권 광역 단위 자사고로, 교육 시설이 우수한 것으로 유명합니다. 교과별 멀티미디어 수업과 '1인 2기'를 지원하는 다양한 형태의 교실, 넓고 쾌적한 학생 식당과 도서관 등은 면학에 도움을 주고 있지요. 참고로 학생 식당은 한 달에 한 번 '세계 음식의 날, 생일자의 날, 채식의 날'을 지정해 특별 요리를 제공하는 등 소소한 재미를 주기도 합니다.

현대고는 창의적 인재의 덕목으로 '체덕지(體德智)'의 조화로운 발전을 강조하며, 방과후 1인 2기 프로그램을 운영하는데, 예술 · 체육 · 교양 활동에 총 32개 강좌를 개설하여 학업 스트레스 해소는 물론 리더로서의 기본 소양을 쌓도록 하고 있습니다. 또한 학생들의 독서 역량 강화를 위해 1학년 정규 국어 교과에 '국어 C'라는 활동 시간을 주 2시간씩 편성하여 운영하고 있습니다. 이 시간에는 각자 존경하는 인물의 자서전이나 저서를 읽고, 자신의 꿈에 어떠한 영향을 주었는지 발표하는가 하면 주요 이슈를 다룬 책을 읽고 쟁점을 토론합니다. 더불어 토론 · 논술 · 독후감 등 각종 교내 대회도 학교생활기록부를 풍성하게 해줍니다.

그림 소담
간송미술관의
아름다운 그림

#미술학 #역사학 #국어국문학

우리나라 최초의 민간 미술관인 간송 미술관은 우리나라 대표 화가들의 작품들로 채워져 있습니다. 이 책은 1년에 딱 두 번만 문을 여는 간송 미술관의 명화를 소개하고 있습니다.

강의와 글로 우리 그림의 아름다움을 알려온 탁현규 선생은 간송 미술관에 소장된 작품들 중 30개의 작품을 엄선하여 다른 나라 회화에서는 발견하기 힘든, 오직 우리 그림에서만 볼 수 있는 모습을 설명하고 있습니다. 선조들이 즐겨 그린 꽃, 보름달, 해돋이, 봄바람, 푸른 솔, 독락, 풍류의 일곱 가지 주제를 정하여 그에 해당하는 명화를 골랐는데, 책 역시 일곱 가지 주제가 각각의 장으로 구성되어 있습니다. 정선, 신윤복, 김희겸, 김홍도 등의 그림이 소개되어 있으며, 우리 옛그림을 통해 한국적 정서를 느낄 수 있는 책입니다.

이 책을 추천하는 이유

'〈훈민정음〉 원본, 신윤복의 화첩(그림을 모아 엮은 책), 겸재 정선의 그림' 이들의 공통점은 무엇일까요? 바로 간송 전형필(문화재 수집가 · 교육자, 1906~1962)이 수집한 우리나라의 소중한 문화재라는 것입니다. 전형필은 자신의 재산으로 주요 문화재들을 구입해 이들이 국외로 유출되는 것을 막고, 그렇게 모은 작품들을 기증해 간송 미술관을 세웠습니다. 〈그림 소담〉은 이처럼 역사적으로도 의미가 깊은 간송 미술관의 주요 작품들을 소개하고 있습니다.

저자는 우리 선조들이 즐겨 그린 소재인 '꽃, 보름달, 해돋이, 봄바람, 푸른 솔, 독락(혼자서 즐김), 풍류'를 주제로 정하고, 그에 해당하는 명화 30편을 설명하고 있습니다. 마치 그림을 보면서 시 한 편을 감상하는 느낌이 들게 하죠. 작품을 보는 저자의 섬세한 시선, 감성과 이성의 조화가 어우러진 설명을 접하면서 작품 감상의 진정한 재미를 느낄 수 있습니다. 이 책은 그림이 많고 글씨도 커서 쉬어 가듯 읽기에 좋습니다. 편안한 마음으로 그림을 즐기고 싶은 학생에게 추천합니다.

카메라,
편견을
부탁해

#신문방송학 #사진학 #사회학

     경향신문사에서 일해 온 사진기자 강윤중이 우리 시대 가장 문제적 장소를 찾아 취재하면서 카메라와 고군분투한 시간들을 책에 담았습니다.

     총 16장으로 되어 있으며, 그 안에는 태백시 철암 탄광 지하 400미터에서 일하는 탄광촌 사람들의 모습, 해마다 급증하는 난민 신청자들과 이들이 난민 지위를 인정받는 모습, 중계본동 백사마을의 재개발 지역, 장애인 문제, 시골 분교의 모습 등 사회적 메시지를 던지고 있는 현장의 모습들이 생생하게 표현되어 있습니다.

     저자는 이러한 현장을 돌아보면서 지금 우리가 스스로에게 물어야 할 질문들과 낯선 생각들을 제안하고 있습니다. 사회, 정치적 이슈를 제시하며 일상의 모습들과 주목할 만한 인물들을 살펴볼 수 있는 책입니다.

이 책을 추천하는 이유

저자는 사회·정치적 이슈들과 그 최전선에 있는 주목할 만한 인물들의 이야기를 사진과 함께 들려 줍니다. 그런데 읽다 보면 스스로 잘 알고, 이해하고 있다고 여겼던 대상에 대해 '정말 그러한가?'라는 질문을 갖게 됩니다.

저자는 차별과 편견으로 고통받는 사람들의 깊숙한 내면을 전함으로써 우리도 모르는 새 닫혀 있던 생각을 열게 합니다. '편견이 없다'는 생각은 어찌 보면 자만일지 모릅니다. 우리가 책을 읽는 것은 결국 다양한 간접 경험을 통해 열린 사고를 갖기 위해서입니다. 사진 기자인 저자와 함께 '탄광, 이슬람 사원, 난민, 호스피스, 재개발촌, 시골 분교' 등 사회의 여러 곳과 다양한 사람들을 만나는 일은 그런 점에서 의미가 깊습니다.

현대고에 입학하면 다양한 학생들과 여러 가지 프로그램을 경험하게 될텐데, 이 책은 상대를 이해하는 밑거름이 되어 줄 것입니다.

탐정이 된
과학자들

#의학 #보건학 #생명과학

감염의 위험을 무릅쓰고 전염병의 최초 감염자를
추적해 질병의 미스터리를 푼 과학자들의 이야기를 담고 있는 책입
니다. 최초 감염자를 '페이션트 제로$^{Patient\ Zero}$'라고 하는데, 이들을 추
적하여 찾아내고 그로부터 얻은 정보를 단서로 삼아 전염병의 발생
원인과 전염 경로, 대처법을 찾아내는 과정을 추리소설처럼 재구성
한 논픽션입니다.

책에서는 인류에 치명적 영향을 미친 7개의 전염병(1665년 런던의
페스트, 1854년 소호의 콜레라, 1900년 쿠바의 황열병, 1906년 뉴욕의 장티푸스, 1918년
전 세계를 덮친 스페인 독감, 1976년 자이르의 에볼라, 1980년 미국의 에이즈)을 다루

고 있습니다. 전염병이 유행하기 시작한 시점부터 병의 정체가 밝혀지는 순간까지의 과정이 흥미롭게 펼쳐집니다.

이 책을 추천하는 이유

인류 역사에서 전염병은 무시무시한 사건으로 기록되곤 하였습니다. 〈탐정이 된 과학자들〉에서는 인류 역사에 치명적인 영향을 미친 전염병 유행의 사례를 7가지로 선별하고, 해당 전염병이 유행하기 시작한 시점부터 병의 정체가 밝혀지는 순간까지의 과정을 흥미롭게 담아냈습니다.

책을 읽다 보면 '페스트, 콜레라, 황열병, 장티푸스, 스페인 독감, 에볼라, 에이즈' 등에 대해 새로운 지식을 얻을 수 있습니다. 또 전 세계가 하나의 공동체로 묶인 오늘날, 더욱 커진 전염병 유행 위험으로부터 인류를 지키는 방안을 고민해 볼 수 있습니다. 의학과 과학에 호기심이 많은 친구들에게 특히 이 책을 추천합니다.

효과적인 독서록 작성 방법

'책 속에서 자신을 발견할 수 있고, 지혜를 얻을 수 있고, 필요한 모든 것을 찾을 수 있다.' 독일의 소설가 헤르만 헤세가 남긴 말입니다. 인간은 책을 통해 다른 사람의 지식을 자신의 것으로 만들 수도 있고, 가보지 않은 곳을 간접적으로 엿볼 수도 있습니다. 또, 위대한 인물의 전기를 보며 꿈을 키울 수 있고, 소설 속 주인공이 되어 다양한 감정을 느낄수도 있습니다.

특히, 세상을 알아가는 단계에 있는 청소년들은 학교 안에서 배울수 없는 다양한 것들을 책을 통해 경험할 수 있기 때문에 이 시기의 독서는 매우 중요합니다. 결과적으로 학생들의 인격이나 지적 성숙도는 독서록에 오롯이 드러나게 됩니다.

많은 학생들이 책을 읽은 후 독후 활동을 할 때 책 내용을 요약하는 것에 비중을 둡니다. 이것은 자신의 감상이나 생각을 적는 것에 익숙하지 않아 어렵게 느껴지기 때문입니다. 하지만 독서를 하는 목적은 책을통해 생각의 깊이와 폭을 확장시킴으로써 인격과 지성을 성숙하게 하는 데에 있습니다. 따라서 독서록은 '(1) 책을 읽게 된 계기 (2) 책 내용요약 (3) 느낀 점 및 생각 (4) 책을 읽고 변화된 점 (5) 앞으로의 계획'의항목으로 나누어 작성하는 것이 좋습니다.

항목	내용
책을 읽게 된 계기	
책 내용 요약	
느낀 점 및 생각	
책을 읽고 변화된 점	
앞으로의 계획	

〈대한민국 10대를 인터뷰하다〉를 읽고

중학교 3학년 최OO

항목	내용
책을 읽게 된 계기	과연 내 또래의 아이들은 지금 어떻게 지내고 있을까? 우리나라 어딘가 혹은 다른 나라에서 무얼 하며 청춘을 보내고 있을까?' 이런 궁금증들이 이 책에 내 손길을 닿게 했다.
책 내용 요약	타워팰리스에 살면서 유학 가고 공부도 잘하는데 나름의 고민이 있는 오빠, 중1 1학기 때 벌써 자퇴해서 아르바이트를 하는 동생, 대안학교나 공업고등학교를 다니는 선배들 모두 이 책 속에서 나름 격동적인 삶을 살아가고 있었다.
느낀 점 및 생각	유학을 갔다 왔다고 해서, 강남에 산다고 해서, 1등을 한다고 해서 꼭 행복하지는 않은 것 같다.
책을 읽고 변화된 점	내가 생각하기에 나는 그리 순탄하지 않은 삶을 살고 있다. 그래서 현실에 불만이 있었다. 그러나 이 책을 읽은 후, 공부를 잘하거나 또는 못하거나 가정이 부유하든 가난하든 간에 10대 학생들 모두 고민과 애로사항이 있게 마련이고, 나와 별반 다를 바 없는 성장기 청춘들이라는 생각이 들었다. 또한 나만 힘들 것이라는 착각, 편견, 그리고 고정 관념, 강남에 살면 비싼 것도 마음껏 먹고, 옷도 마음껏 사고, 공부만 빼면 다 좋을 것이라는 생각, 자퇴생은 모두 문제아라는 편견 등이 어느 정도 사라졌다.
앞으로의 계획	그렇다. 무수히 많은 대한민국 10대 청소년 중 나만 힘들지는 않은 것이다. 나보다 더 가난하고 주위 사람들에게 인정받지 못하고 힘들게 사는 친구들이 많다. 조금 더 긍정적으로 내게 주어진 삶을 하루하루 행복하게 살 수 있도록, 그리고 나 자신에게 실망하는 일이 없도록 노력해야겠다.

부록

전공분야별 도서 목록

철학

#철학
김상욱의 과학 공부
동양 철학 에세이
박경미의 수학N
사피엔스
소피의 세계
에밀 뒤르켐의 자살론
역사란 무엇인가
종의 기원

논어, 사람의 길을 열다
멋진 신세계
박이문의 문학과 철학 이야기
서양화 자신 있게 보기
순간의 꽃
엔트로피
이기적 유전자
짜라투스트라는 이렇게 말했다

#심리학
Who am I? 나는 내가 만든다
멈추면, 비로소 보이는 것들
삐뚤삐뚤 가도 좋아   습관의 힘
운동화 신은 뇌

마음 알기, 자기 알기
미움받을 용기
완벽한 공부법
호밀밭의 파수꾼

#상담학
Who am I? 나는 내가 만든다
마음 알기, 자기 알기
미움받을 용기

박사가 사랑한 수식
멈추면, 비로소 보이는 것들
에밀 뒤르켐의 자살론

#자기계발
더 큰 나를 위해 나를 버리다
메모 습관의 힘
바보처럼 공부하고 천재처럼 꿈꿔라
완벽한 공부법

멈추면, 비로소 보이는 것들
미움받을 용기
삐뚤삐뚤 가도 좋아

#리더십
더 큰 나를 위해 나를 버리다
인듀어런스

바보처럼 공부하고 천재처럼 꿈꿔라

인문학

#국어국문학
28자로 이룬 문자 혁명 훈민정음
그림 소담 간송미술관의 아름다운 그림
남한산성
박지원의 한문 소설   사기열전
삼대   순간의 꽃
쏭내관의 재미있는 궁궐 기행
유시민의 글쓰기 특강

그 많던 싱아는 누가 다 먹었을까
난장이가 쏘아 올린 작은 공
박이문의 문학과 철학 이야기
삼국지
신경림의 시인을 찾아서 1 · 2
열하일기
윤동주 시집

	전황당인보기	정민 선생님이 들려주는 한시 이야기
	청소년을 위한 한국 고전 문학사	태평천하
#영어영문학	Short Stories by Edgar Allan Poe	The Giver
	걸리버 여행기	데미안
	멋진 신세계	셰익스피어의 4대 비극
	소피의 세계	앵무새 죽이기
	연인 서태후	오만과 편견
	이 말은 어디에서 왔을까?	인듀어런스
	진주 귀고리 소녀	호밀밭의 파수꾼
#중어중문학	논어, 사람의 길을 열다	명심보감
	사기열전 삼국지	열하일기
#독어독문학	데미안 모모	짜라투스트라는 이렇게 말했다
#불어불문학	박이문의 문학과 철학 이야기	
#일어일문학	박사가 사랑한 수식	
#교육학	Who am I? 나는 내가 만든다	X의 즐거움
	관통 한국사	데미안
	마음 알기, 자기 알기	메모 습관의 힘
	삐뚤삐뚤 가도 좋아	생명이 있는 것은 다 아름답다
	소피의 세계	수학 귀신
	습관의 힘	시민의 교양
	아름다운 삶, 아름다운 도서관	오주석의 한국의 美 특강
	완벽한 공부법	유시민의 글쓰기 특강
	인듀어런스	청소년을 위한 사회학 에세이
	페르마의 마지막 정리	호밀밭의 파수꾼
#국어교육학	28자로 이룬 문자 혁명 훈민정음	순간의 꽃
	태평천하	
#한문교육학	박지원의 한문 소설	정민 선생님이 들려주는 한시 이야기
	청소년을 위한 한국 고전 문학사	
#윤리교육학	진실을 배반한 과학자들	

법 & 역사

#법학	10대를 위한 생각하는 헌법	불평등의 대가(The Price of Inequality)
	앵무새 죽이기	유시민의 글쓰기 특강

#역사학		
28자로 이룬 문자 혁명 훈민정음		관통 한국사
그 많던 싱아는 누가 다 먹었을까		그림 소담 간송미술관의 아름다운 그림
난장이가 쏘아 올린 작은 공		남한산성
동양 철학 에세이	만들어진 전통	명심보감
박지원의 한문 소설	사기열전	삼국 시대 사람들은 어떻게 살았을까
삼국지	삼대	서양화 자신 있게 보기
셰익스피어의 4대 비극		신경림의 시인을 찾아서 1·2
쏭내관의 재미있는 궁궐 기행		앵무새 죽이기
역사란 무엇인가	연인 서태후	열하일기
옛 그림에도 사람이 살고 있네		오만과 편견
오주석의 한국의 美 특강		우리 과학기술의 비밀
윤동주 시집		이 말은 어디에서 왔을까?
전황당인보기		지적 대화를 위한 넓고 얇은 지식
		(역사·경제·정치·사회·윤리 편)
짜라투스트라는 이렇게 말했다		청소년을 위한 주제로 보는 조선왕조실록
청소년을 위한 한국 고전 문학사		태평천하

사회과학

#정치학		
10대를 위한 생각하는 헌법		걸리버 여행기
만들어진 전통		불평등의 대가(The Price of Inequality)
역사란 무엇인가		정의란 무엇인가?
지적 대화를 위한 넓고 얇은 지식(역사·경제·정치·사회·윤리 편)		
청소년을 위한 주제로 보는 조선왕조실록		

#정치외교학		
바보처럼 공부하고 천재처럼 꿈꿔라		왜 세계의 절반은 굶주리는가?

#경제학		
맨큐의 경제학		불평등의 대가(The Price of Inequality)
세상에서 가장 쉬운 통계학입문		시민의 교양
엔트로피		왜 세계의 절반은 굶주리는가?
정의란 무엇인가?		

#인류학		
관통 한국사		멋진 신세계
사피엔스		삼국 시대 사람들은 어떻게 살았을까
오래된 미래 라다크로부터 배우다		오만과 편견
우리 과학기술의 비밀		이 말은 어디에서 왔을까?
종의 기원		

#사회학		
10대를 위한 생각하는 헌법		걸리버 여행기

	난장이가 쏘아 올린 작은 공		만들어진 전통
	삼대		생명이 있는 것은 다 아름답다
	에밀 뒤르켐의 자살론		오래된 미래 라다크로부터 배우다
	왜 세계의 절반은 굶주리는가?		정의란 무엇인가?
	지적 대화를 위한 넓고 얕은 지식(역사·경제·정치·사회·윤리 편)		
	청소년을 위한 사회학 에세이		카메라, 편견을 부탁해
#경영학	맨큐의 경제학		습관의 힘
#문화학	삼국 시대 사람들은 어떻게 살았을까		
#행정학	오래된 미래 라다크로부터 배우다		
#신문방송학	진실을 배반한 과학자들		카메라, 편견을 부탁해
#사회교육학	맨큐의 경제학		청소년을 위한 사회학 에세이

자연과학

#생명과학	나의 생명 수업	사피엔스	생명의 수학	
	생명이 있는 것은 다 아름답다		운동화 신은 뇌	
	이기적 유전자	이중 나선	종의 기원	
	침묵의 봄	탐정이 된 과학자들		
	통찰 자연, 인간, 사회를 관통하는 최재천의 생각			
	하리하라, 미드에서 과학을 보다		하리하라의 청소년을 위한 의학 이야기	
#물리학	X의 즐거움		김상욱의 과학 공부	
	모든 사람을 위한 빅뱅 우주론 강의		엔트로피	
	위대한 설계	코스모스	페르마의 마지막 정리	
#화학	이중 나선	탄소 문명	하리하라, 미드에서 과학을 보다	
#지구과학	오늘의 지구를 말씀드리겠습니다		위대한 설계	
	침묵의 봄			
#과학교육학	김상욱의 과학 공부		모든 사람을 위한 빅뱅 우주론 강의	
	시크릿 스페이스		우리 과학기술의 비밀	
	위대한 설계		진실을 배반한 과학자들	
	코스모스		하리하라, 미드에서 과학을 보다	
#천체물리학	모든 사람을 위한 빅뱅 우주론 강의		코스모스	
#환경학	나의 생명 수업		오늘의 지구를 말씀드리겠습니다	
	침묵의 봄			
#생태학	나의 생명 수업		오늘의 지구를 말씀드리겠습니다	
#동물학 #미생물학	통찰 자연, 인간, 사회를 관통하는 최재천의 생각			

의학 & 보건학

#의학	이중 나선	탐정이 된 과학자들	하리하라의 청소년을 위한 의학 이야기
#보건학	탐정이 된 과학자들		하리하라의 청소년을 위한 의학 이야기
#유전공학	이기적 유전자		

수학 & 공학

#수학	X의 즐거움	박경미의 수학N	박사가 사랑한 수식
	생명의 수학	세상에서 가장 쉬운 통계학입문	수학 귀신
	침팬지도 이해하는 5분 수학	페르마의 마지막 정리	
#수학교육학	박경미의 수학N		침팬지도 이해하는 5분 수학
#통계학	세상에서 가장 쉬운 통계학입문		침팬지도 이해하는 5분 수학
#건축학	쏭내관의 재미있는 궁궐 기행		위로의 디자인
#기계공학 #전기전자공학	시크릿 스페이스		
#신소재학 #에너지학	탄소 문명		

예체능 & 실용

#미술학	그림 소담 간송미술관의 아름다운 그림	서양화 자신 있게 보기
	옛 그림에도 사람이 살고 있네	오주석의 한국의 美 특강
	위로의 디자인	진주 귀고리 소녀
#연극영화학	Short Stories by Edgar Allan Poe	The Giver
	남한산성	모모
	셰익스피어의 4대 비극	진주 귀고리 소녀
#문예창작학	Short Stories by Edgar Allan Poe	The Giver
	그 많던 싱아는 누가 다 먹었을까	신경림의 시인을 찾아서 1·2
	연인 서태후	윤동주 시집	전황당인보기
#디자인학	위로의 디자인	
#체육학	더 큰 나를 위해 나를 버리다	
#미술교육학	옛 그림에도 사람이 살고 있네	
#체육교육학	운동화 신은 뇌	

기타

| **#아동학** | 모모 | 수학 귀신 |
| **#민속학** | 정민 선생님이 들려주는 한시 이야기 | 청소년을 위한 주제로 보는 조선왕조실록 |

독서 계획표

도서명	읽기 시작한 날짜	다 읽은 날짜
10대를 위한 생각하는 헌법		
28자로 이룬 문자 혁명 훈민정음		
Short Stories by Edgar Allan Poe		
The Giver		
Who am I? 나는 내가 만든다		
X의 즐거움		
걸리버 여행기		
관통 한국사		
그 많던 싱아는 누가 다 먹었을까		
그림 소담 간송미술관의 아름다운 그림		
김상욱의 과학 공부		
나의 생명 수업		
난장이가 쏘아 올린 작은 공		
남한산성		
논어, 사람의 길을 열다		
더 큰 나를 위해 나를 버리다		
데미안		
동양 철학 에세이		
마음 알기, 자기 알기		
만들어진 전통		
맨큐의 경제학		
멈추면, 비로소 보이는 것들		
멋진 신세계		
메모 습관의 힘		
명심보감		
모든 사람을 위한 빅뱅 우주론 강의		
모모		
미움받을 용기		
바보처럼 공부하고 천재처럼 꿈꿔라		
박경미의 수학N		
박사가 사랑한 수식		
박이문의 문학과 철학 이야기		

도서명	읽기 시작한 날짜	다 읽은 날짜
박지원의 한문 소설		
불평등의 대가(The Price of Inequality)		
삐뚤빼뚤 가도 좋아		
사기열전		
사피엔스		
삼국 시대 사람들은 어떻게 살았을까		
삼국지		
삼대		
생명의 수학		
생명이 있는 것은 다 아름답다		
서양화 자신 있게 보기		
세상에서 가장 쉬운 통계학입문		
셰익스피어의 4대 비극		
소피의 세계		
수학 귀신		
순간의 꽃		
습관의 힘		
시민의 교양		
시크릿 스페이스		
신경림의 시인을 찾아서 1·2		
쏭내관의 재미있는 궁궐 기행		
아름다운 삶, 아름다운 도서관		
앵무새 죽이기		
에밀 뒤르켐의 자살론		
엔트로피		
역사란 무엇인가		
연인 서태후		
열하일기		
옛 그림에도 사람이 살고 있네		
오늘의 지구를 말씀드리겠습니다		
오래된 미래 라다크로부터 배우다		
오만과 편견		
오주석의 한국의 美 특강		
완벽한 공부법		

도서명	읽기 시작한 날짜	다 읽은 날짜
왜 세계의 절반은 굶주리는가?		
우리 과학 기술의 비밀		
운동화 신은 뇌		
위대한 설계		
위로의 디자인		
유시민의 글쓰기 특강		
윤동주 시집		
이 말은 어디에서 왔을까?		
이기적 유전자		
이중 나선		
인듀어런스		
전황당인보기		
정민 선생님이 들려주는 한시 이야기		
정의란 무엇인가		
종의 기원		
지적 대화를 위한 넓고 얕은 지식(역사 · 경제 · 정치 · 사회 · 윤리 편)		
진실을 배반한 과학자들		
진주 귀고리 소녀		
짜라투스트라는 이렇게 말했다		
청소년을 위한 사회학 에세이		
청소년을 위한 주제로 보는 조선왕조실록		
청소년을 위한 한국 고전 문학사		
침묵의 봄		
침팬지도 이해하는 5분 수학		
카메라, 편견을 부탁해		
코스모스		
탄소 문명		
탐정이 된 과학자들		
태평천하		
통찰 자연, 인간, 사회를 관통하는 최재천의 생각		
페르마의 마지막 정리		
하리하라, 미드에서 과학을 보다		
하리하라의 청소년을 위한 의학 이야기		
호밀밭의 파수꾼		

독서로 대학 가기

명문고 선생님들이 추천하는 100권의 책

1판 1쇄 펴냄 | 2017년 10월 31일
1판 2쇄 펴냄 | 2019년 10월 30일

지은이 | 유태성
발행인 | 김병준
편집장 | 윤현숙
편　집 | 이정화
디자인 | 책은우주다
발행처 | 상상아카데미

등록 | 2010. 3. 11. 제313-2010-77호
주소 | 경기도 파주시 회동길 37-42 파주출판도시
전화 | 031-955-1337(편집), 031-955-1321(영업)
팩스 | 031-955-1322
전자우편 | main@sangsangaca.com
홈페이지 | http://sangsangaca.com

ISBN 979-11-85402-05-5 43370

이 도서의 국립중앙도서관 출판시도서목록(CIP)은
서지정보유통지원시스템 홈페이지(http://seoji.nl.go.kr)와
국가자료공동목록시스템(http://www.nl.go.kr/kolisnet)에서
이용하실 수 있습니다.(CIP제어번호: CIP 2017026987)